D1986278

Pferde und Ponys

Alles rund ums Reiten

Pferde und Ponys

Alles rund ums Reiten

ENSSLIN

Layout Dawn Terrey, Laura Watson
Fotos Kit Houghton und Studio Cactus
Großes Foto Cover Ulla Raffail
Redaktion Elizabeth Mallard-Shaw
Übersetzung Martina Rödl
Deutsche Bearbeitung ENSSLIN im Arena Verlag

Compilation Copyright © 2003
Studio Cactus/Hylas Publishing
Titel der englischen Originalausgabe:
»Fun with Ponies and Horses«
Text Copyright © Debby Sly
First published in United States in 2003

Copyright © der deutschen Ausgabe, 2004
ENSSLIN im Arena Verlag GmbH, Würzburg
Alle Rechte für die deutsche Ausgabe vorbehalten

Verlag und Autorin weisen darauf hin, dass die Informationen in diesem Buch sorgfältig geprüft wurden. Eine Garantie für eventuelle Schäden, die durch das Befolgen der Hinweise in diesem Werk auftreten, kann jedoch nicht übernommen werden.

Druck: Butler & Tanner Ltd. Frome, Somerset, Großbritannien

ISBN 3-401-45164-2

Inhalt

Hauptsache Spaß!

Was kommt heraus, wenn Kinder und Ponys ihre Köpfe zusammenstecken? Genau, jede Menge Spaß! Ponys sind prima Freunde, mit denen du Tolles erlebst. Du lernst unglaublich viel, wenn du ein eigenes Pony oder Pflegepferd hast. Außerdem ist es schön, so viel Zuneigung zurückzubekommen. Natürlich nimmst du auch große Verantwortung auf dich: Ein Pony braucht Pflege! Doch es kann riesiges Vergnügen machen, Ponys zu reiten, zu füttern, zu putzen, sich um sie zu kümmern und Zeit mit ihnen zu verbringen. Du und dein Pony – ihr könnt die besten Freunde werden und gemeinsam durch dick und dünn gehen.

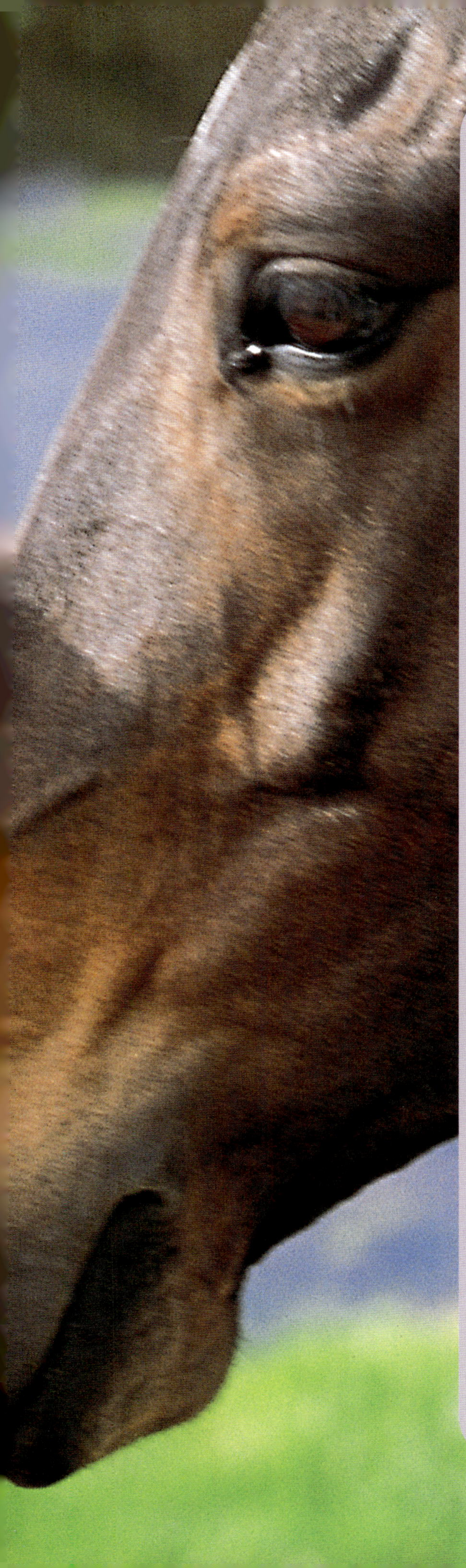

1

Du und dein Pony

Ein eigenes Pony zu besitzen – das bedeutet mehr, als ein Pferd zu haben, auf dem man reiten kann. Ponys brauchen viel Aufmerksamkeit, Pflege – und Zuneigung! Dann fühlen sie sich wohl und bleiben gesund. Nur wenn du dich regelmäßig um dein Pony kümmerst, kannst du eine Beziehung zu ihm aufbauen. Versuche dein Pony zu verstehen und genieße die gemeinsame Zeit.

Pferde sind Freunde

Sorge dafür, dass ihr beide prima Freunde werdet! Dann habt ihr Freude aneinander. Du freust dich ja auch, wenn dich deine »Menschenfreunde« mögen und gerne etwas gemeinsam mit dir unternehmen. Also, wenn du dein Pferd reitest oder pflegst, behandle es fair! Es soll Lust haben, dir zu vertrauen. Lerne dein Pony zu verstehen und eine liebevolle Beziehung zu ihm aufzubauen, die euch beiden viel gibt.

Auf Tour

Bei Schauen und Wettkämpfen wird eure Beziehung auf die Probe gestellt. Sie bieten dir auch die Chance, deinem Pony noch näher zu kommen. Zunächst sollte es den Tag genießen, so wie du. Das heißt, wenn du dir Pommes oder ein Eis gönnst, hätte dein Pony vermutlich nichts gegen eine Portion Heu oder einige Schlucke frisches Wasser einzuwenden (siehe Seiten 92–93).

Ewige Freundschaft
Ein Pony zum Freund zu haben bedeutet mehr, als zu reiten und mit ihm an Wettkämpfen teilzunehmen. Nimm dir möglichst oft die Zeit für ausgiebige Streicheleinheiten, wenn es im Stall oder auf der Koppel steht. Dein Pony wird sich sehr bald freuen, dich zu sehen – und im Übrigen kannst du es dann leichter einfangen.

Die Schulbank drücken

Bevor du dir ein eigenes Pony zulegst, besuche erst mal einen Reitverein. Dort kannst du wunderbar ausprobieren, ob das Reiten wirklich dein »Traum« ist. Wähle einen Stall, in dem du nicht nur reiten, sondern auch putzen und satteln darfst. Denn das will gelernt sein! Deine schönsten Reitstunden sind sicher die bei deinem Lieblingslehrer oder deiner liebsten Lehrerin. Wenn du dir einen Reitverein suchst, achte darauf, dass dir die Leute, die unterrichten, sympathisch sind. Dann lernst du auch was.

Ein Ziel vor Augen

Es ist gut, ein Ziel zu haben. Manche Reiter trainieren eisern für schwierige Turniere hoher Leistungsklassen. Liegt dir nichts an Wettkämpfen, nimm dir wenigstens vor, deine Reitkenntnisse zu verbessern. So bekommst du ein möglichst gut gerittenes Pferd. Trödelt nicht einfach ohne Ziel vor euch hin!

Der Pony Club …

… ist eine internationale Jugendorganisation für Kinder, die Ponys lieben. Pony Clubs informieren rund ums Thema Pferd, veranstalten Pferderallyes und Wettkämpfe und organisieren Pferdefreizeiten. Dort kann man prima Freunde treffen und jede Menge lernen. In Deutschland ist der Pony Club noch nicht sehr populär. Es gibt jedoch auch bei uns genügend Reitvereine und -schulen, die Ausritte, Turniere oder Reiterferien anbieten. Damit Kinder, die nicht das Glück haben, ein eigenes Pferd zu besitzen, an solchen Veranstaltungen teilnehmen können, kann man sich in den Reitvereinen Ponys »ausleihen«.

Fröhlicher Ausritt

Mit Ausritten ins Gelände hältst du dein Pony fit und vermeidest Langeweile. Im Gelände kannst du vieles anwenden, was du im Reitunterricht lernst oder in Büchern liest.
Reite gemeinsam mit einem Freund oder einer Freundin aus. Ihr könnt Neues üben, euch beobachten, korrigieren und loben.

Das eigene Pony

Stell dir vor, dein Traum geht in Erfüllung: Du bekommst ein eigenes Pony! Jetzt musst du ernsthaft überlegen: Welches Pony passt zu mir? Was die Leistungen anbelangt, muss es deinen Erwartungen entsprechen. Zugleich solltest du dein Pony sehr gern haben. Nur dann werdet ihr dicke Freunde.

»Schnuppertage«

Bevor du die Verantwortung für ein eigenes Pony übernimmst, verbringe ein paar Tage mit Freunden, die ein Pferd haben. Hilf ihnen bei allen Arbeiten. Mach dir ein Bild davon, was es heißt, ein Pony zu haben.

Alles ist möglich

Pferde und Ponys gibt es in den verschiedensten Formen, Farben und Größen. Wie jeder Mensch hat auch jedes Pferd seinen Charakter. Dein Pony sollte also nicht nur hinsichtlich Gewicht und Größe zu dir passen. Und denk dran: Du wächst noch, dein Pony nicht. Also triff deine Wahl mit großer Sorgfalt.

Los gehts!

Entscheide dich für ein Pony, mit dessen Temperament und Anlagen du umgehen kannst. Manche Ponys bleiben in fast jeder Situation ruhig und gelassen; dafür sind sie vielleicht träger und haben nicht so viel Pep. Andere haben jede Menge Pfeffer, sind aber weniger zuverlässig und manchmal schwer unter Kontrolle zu halten. Es gibt Ponys, die steigen und tänzeln, wenn sie aufgeregt sind und durchstarten wollen. Es kann Spaß machen, solche Pferde zu reiten, aber nur, wenn man selbst nicht ängstlich ist.

Absolut passend

Bevor du dich für ein bestimmtes Pony entscheidest, reite es zur Probe. So entwickelst du ein Gefühl dafür, welcher Ponytyp zu dir passt. Hast du schließlich eines gefunden, das dir gefällt, sitze auf und reite es in allen drei Gangarten.

Kaufe dir ein Pony, dessen Anlagen deinen Erwartungen entsprechen. Willst du Weltmeister/in werden, muss das Pony großen Leistungswillen haben, sonst werdet ihr beide nicht glücklich.

Achte darauf, dass du auf dem Pony bequem sitzt. Ist es zu breit für dich, sind deine Beine nicht an der richtigen Stelle. Das behindert die Hilfengebung.

Ist dein Pony zu klein für dich, kann es sich nicht richtig ausbalancieren. Das Pony könnte meinen, dass eigentlich du es tragen solltest!

Bist du startklar?

In ein eigenes Pony muss man viel investieren, man bindet sich. Abgesehen von den Anschaffungskosten brauchst du Geld für die Ausrüstung und für alles, was sonst anfällt. Du musst nach einem geeigneten Stall suchen. Sich um ein Pony zu kümmern erfordert viel Verantwortungsbewusstsein und Zeit. Die folgenden Fragen helfen dir herauszufinden, ob ein eigenes Pony das Richtige für dich ist. Beantworte sie mit Ja oder Nein.

1) Geld

Hast du genug Geld, um ein Pony zu kaufen und die laufenden Kosten zu bezahlen? Folgende Posten fallen an:

- *Unterkunft – im Pensionsstall, in einem eigenen kleinen Stall oder auf einer Koppel mit Unterstand*
- *Kraftfutter und Heu*
- *Ausrüstung*
- *Hufbeschlag*
- *Tierarzt*
  z. B. regelmäßig fürs Entwurmen und für Zahnkontrollen, darüber hinaus, wenn dein Pferd krank wird oder sich verletzt
- *Reisekosten, wenn du an Turnieren teilnehmen möchtest*

2) Zeit

Habt ihr, du und deine Familie, genügend Zeit, euch um das Pony zu kümmern? Selbst wenn du mal nicht reitest, musst du täglich zu ihm gehen und nachsehen, ob es sich verletzt hat oder krank ist! Du brauchst Zeit, um …

- *zweimal am Tag nach deinem Pony zu sehen*
- *es zu füttern*
- *es regelmäßig zu putzen und zu reiten*
- *den Stall, die Koppeln und die Ausrüstung in Ordnung zu halten*

3) Unterstand

Hat die Koppel, auf der dein Pony steht, einen Unterstand? Dein Pony braucht im Winter Schutz vor allzu schlechtem Wetter und im Sommer vor Hitze und Fliegen.
Schutz bieten …

- *hohe Hecken oder Bäume*
- *ein einfacher Unterstand (siehe Foto) oder*
- *ein richtiger Stall*

4) Helfer

Wer kümmert sich um dein Pony, wenn du in den Ferien oder sonstwie verhindert bist? Entweder findest du jemanden, der das für dich übernimmt, oder du stellst dein Pferd solange in einen Pensionsstall.
Du brauchst Hilfe, wenn …

- *du in den Ferien oder mit der Schule unterwegs bist*
- *du krank oder verletzt bist*
- *deine Eltern dich nicht zum Stall bringen können*

5) Koppeldienst

Sind Koppel und/oder Paddock sicher eingezäunt und hat das Pferd dort Wasser? Du musst jeden Tag überprüfen, ob …

- *die Zäune noch in Ordnung sind*
- *die Tränke voll und das Wasser sauber ist*
- *es dem Pony gut geht*

6) Dreck, Dreck und noch mal Dreck

Bist du bereit, dir die Hände schmutzig zu machen? Das passiert nämlich, wenn du …

- *den Stall, den Unterstand und den Paddock ausmistest*
- *dein Pony putzt oder abspritzt*
- *das Reitzubehör sauber machst*

7) Sattelzeug

Hast du alles, was du zum Reiten brauchst?
Für das Pony brauchst du:

- *einen gut sitzenden Sattel und Zaumzeug*
- *eine Satteldecke (die gehört unter den Sattel)*
- *ein Stallhalfter*
- *Putzzeug*
- *im Idealfall Gamaschen, die seine Beine vor Verletzungen schützen*

8) Reitkleidung

Hast du die richtige Kleidung zum Reiten?
Um gut geschützt zu sein, brauchst du:

- *einen perfekten Reithelm*
- *Reitstiefel mit einer glatten Sohle und einem kleinen Absatz, sodass dein Fuß nicht durch den Steigbügel rutscht*
- *im Idealfall Reithosen, denn Jeansnähte scheuern die Haut auf*
- *eine Schutzweste, wenn du im Gelände springen möchtest, sowie ein Reitsakko und entsprechende Reithosen für Turniere*

9) Wintersorgen

Bringst du es fertig, auch dann nach deinem Pony zu sehen, wenn es draußen richtig kalt und nass ist?
Im Winter musst du dein Pony …

- *in den Stall bringen*
- *eindecken, sei es nun im Stall oder auf der Weide*
- *jeden Tag dafür sorgen, dass die Tränke eisfrei ist, sodass dein Pony immer trinken kann*

10) Noch mehr Ausrüstung

Hast du Geld übrig für weitere Ausrüstung, die dein Pferd vielleicht braucht?

- *Stall- und Abschwitzdecken oder eine wasserdichte Weidedecke*
- *Gamaschen und Bandagen, die den Schweif und die Beine beim Reiten oder beim Transport schützen*
- *ein Erste-Hilfe-Set für kleine Verletzungen*

11) Unterwegs

Falls du an Turnieren teilnehmen willst: Wie gelangst du dorthin? Du brauchst:

- *jemanden aus deiner Familie, einen Freund oder eine Freundin, die dich zum Turnier fahren können*
- *ein Kraftfahrzeug und einen Pferdeanhänger …*
- *… oder die Möglichkeit, einen Hänger zu leihen*
- *Freunde, die auch aufs Turnier gehen*

12) Herzblut

Ist deine Begeisterung für Pferde und fürs Reiten wirklich groß genug? Wirst du dich jeden Tag und unter allen Umständen um dein Pony kümmern?

- *Auch wenn es krank oder verletzt ist und du nicht reiten darfst?*
- *Egal ob ihr auf Turnieren gewinnt oder verliert?*

Ausmisten

Ställe müssen Tag für Tag gemistet werden, also solltest du es gerne tun. Um es auszuprobieren, hilf Freunden, die ein Pferd haben, beim Misten oder frage im Reitverein, ob du beim Saubermachen der Boxen helfen darfst. Dann kannst du dir besser vorstellen, was auf dich zukommt.

13) Spaß, Spaß, Riesenspaß

Du sollst Freude an deinem Pony haben und es genießen, bei ihm zu sein. Es macht Freude …

- *einfach sein Freund zu sein*
- *es zu putzen und zu verwöhnen*
- *es zu reiten, alleine oder mit Freunden*
- *dir mit deinen Freunden zu Hause Reiterspiele auszudenken oder auch mal ein Wettrennen zu veranstalten*
- *an Schauen und Wettkämpfen teilzunehmen*
- *gemeinsam mit deinem Pony Fortschritte zu machen*

Triff deine Entscheidung!

Alle Fragen beantwortet? Dann sieh dir die Ergebnisse an: Steht irgendwo ein Nein? Warum? Sei ehrlich! Denke nach. Und dann entscheide, ob ein eigenes Pony das Richtige für dich ist. Falls du dir kein Pony leisten kannst, lass den Kopf nicht hängen. Du brauchst deshalb ja nicht das Reiten aufzugeben. Tritt in einen Reitverein ein oder sieh zu, dass du ein Pflegepferd bekommst. Es ist eine Chance, den Umgang mit Pferden zu lernen. Wenn es eines Tages so weit ist, dass du dir deinen Herzenswunsch nach einem eigenen Pony erfüllst und du es dir leisten kannst, bist du mit den Erfahrungen, die du gesammelt hast, bestens vorbereitet.

Die Sprache der Pferde

Nimm dir Zeit, dein Pony zu beobachten. Wenn du die Körperhaltung und den Gesichtsausdruck deines Ponys verstehst, erkennst du leichter, ob es ihm gut geht oder ob es krank sein könnte. Merkst du rechtzeitig, dass dein Pony drauf und dran ist, zu beißen oder auszuschlagen, erspart dir das manchen blauen Fleck. Sieh genau hin und lerne alle Signale zu deuten.

Ich folge dir
Ein Pferd, das seinem Reiter auch ohne Strick folgt, sagt: »Ich vertraue dir.« Die beiden haben eine gute Beziehung aufgebaut.

Pferdesprache

So forderst du dein Pferd auf, hinter dir her zu laufen: Vermeide zunächst den Augenkontakt, während du es streichelst. Dann wende deine Schulter ab, kehre ihm den Rücken zu. Bewege dich langsam weg. Willst du dagegen erreichen, dass dein Pony zurückweicht, wende dich ihm zu, mach dich groß und schau ihm in die Augen: Ähnlich verhält sich ein dominanter Hengst gegenüber Pferden, die sich ihm nähern. Doch Achtung: Direkter Augenkontakt kommt unter Umständen einem Angriff gleich und könnte, wenn die Rangordnung nicht geklärt ist und das Pferd vielleicht schlecht erzogen ist, zu einem riskanten Gegenangriff führen!

Ein gesundes Pony hat gut ausgebildete Muskeln und ist weder zu dick noch zu dünn. Sobald du mit den Bewegungen deines Pferdes in allen drei Gangarten vertraut bist, erkennst du, ob mit seinen Beinen etwas nicht in Ordnung ist.

Tägliches Putzen tut dem Fell gut. Und ihr lernt euch kennen.

Spaß oder Ernst?

Diese Ponys spielen. Gelegentlich aber scheinen Pferde zu vergessen, wie kräftig sie sind, und verletzen andere Pferde oder Menschen. Holst du dein Pferd von der Koppel, gehe herumtollenden Pferden aus dem Weg. Hast du den Eindruck, dein Pferd ist für die anderen der Prügelknabe, nimm es aus der Gruppe. Stelle es mit einem Pferd, das ihm wohl gesonnen ist, auf eine andere Koppel.

Zeichen deuten

Beobachte dein Pony. Dann weißt du bald, wie es sich normalerweise verhält. Manche Ponys sind immer aufgeweckt und spritzig, andere eher ruhig und entspannt. Achte auf alles Ungewöhnliche! Vielleicht ist deinem Pony kalt oder es ist verletzt? Oder es gibt etwas, das es beunruhigt? Wenn du genau hinsiehst, wird es dir auf seine Art zeigen, was los ist.

Kesse Lippe

Die Miere dieses Ponys verrät zweierlei: Entspannung und Aufmerksamkeit. Die Unterlippe hängt locker nach unten: Das Pony ruht sich aus. Doch die nach vorne gerichteten Ohren und die Augen signalisieren Wachsamkeit. Es denkt wohl: »Mein Reiter kommt. Zeit, mit dem Dösen aufzuhören!«

Ich bin ganz Ohr

Hängen die Ohren schlaff zur Seite, ist dein Pony entspannt und döst vor sich hin. Stellt es die Ohren auf und richtet sie nach vorne, erweckt etwas vor ihm seine Aufmerksamkeit. Bewegen sich die Ohren beim Reiten vor und zurück, hört es dir zu. Liegen die Ohren flach nach hinten am Kopf an, droht es: Es könnte beißen oder schlagen. Sei also vorsichtig.

»Was ziehe ich bloß an?«

Wenn es um die Kleiderfrage beim Reiten geht, gibt es eigentlich nur zwei Regeln, die unbedingt zu befolgen sind. Sie betreffen vor allem deinen Kopf: Steige niemals ohne guten und ordentlich sitzenden Reithelm aufs Pferd! Er schützt dich unter Umständen vor schweren Verletzungen. Und wähle gute Reitstiefel! Was ansonsten zur Grundausstattung gehört, siehst du auf diesen Seiten. Wenn du an Schauen und Wettkämpfen teilnehmen möchtest, kommt einiges hinzu. Dabei erfordert jede Disziplin – also Dressur, Vielseitigkeit, Springen, Distanzreiten – ihre besondere Kleidung und sonstiges Zubehör.

Niemals ohne Helm!
Für Reithelme gelten Sicherheitsnormen. Du solltest einen Helm kaufen, der den jüngsten europäischen und amerikanischen Standards entspricht. Wenn du vom Pferd fällst und dir den Kopf anschlägst, solltest du den Reithelm durch einen neuen ersetzen – der alte könnte beschädigt worden sein.

Auf Turnieren werden meist helle Reithosen getragen. Im Reitalltag sind dunkle Reithosen viel praktischer.

Mit Sicherheit gesehen werden

Musst du im Straßenverkehr reiten? Mit einer Sicherheitsausrüstung, die das Licht reflektiert, fällst du Kfz-Fahrern besser auf. Zieh eine Reflex-Reitweste an und pack einen entsprechenden Überzug auf deinen Helm. Für dein Pferd besorgst du Leuchtbänder für die Beine und einen Reflex-Schweifschoner, eventuell Sicherheitsbänder für die Trense und blinkende Leuchten, die du am Steigbügel befestigen kannst.

Wichtig: die richtigen Stiefel!
Reitstiefel müssen eine rutschfeste Sohle und niedrige Absätze haben, damit du mit dem Fuß nicht durch den Steigbügel rutschst. Bei einem Sturz würde dich dein Pony sonst mitschleifen. Kaufe Stiefeletten oder Reitstiefel mit hohem Schaft aus Gummi oder Leder. Zu Stiefeletten kannst du Chapsletten tragen; sie schützen die Unterschenkel.

Zieh ein locker sitzendes Sweatshirt oder etwas Ähnliches an. Deine Arme brauchen Bewegungsfreiheit. Es gibt auch regendichte Pullis. Die sind besonders praktisch.

Großes Sparschwein

Ponys und die nötige Ausrüstung können schnell ins Geld gehen. Kaufe für den Anfang nur das Wichtigste. Man bekommt Reitkleidung auch secondhand, z. B. über den Reitverein. Den Reithelm solltest du aber neu kaufen, nicht gebraucht! Warte mit der Anschaffung spezieller Ausrüstung, bis du dich entschieden hast, welche Reitsportdisziplin dich wirklich interessiert.

Wie ein Ritter in Rüstung

Sicherheitswesten bilden ein Schutzpolster um deinen Rücken, die Rippen und die Schultern, falls du vom Pferd stürzt. Bei Vielseitigkeitsturnieren gehören Sicherheitswesten in den meisten Ländern zur Pflichtausrüstung. Auch sonst ist es vernünftig, eine Sicherheitsweste zu tragen. Du weißt ja nicht im Voraus, wann du vom Pferd fällst. Und immerhin gibt es sie in hübschen Farben!

Clowngesichter

Um deine Reitkleidung aufzupeppen, kannst du dir witzige Überzüge für den Helm kaufen. Einige sehen aus wie Weihnachtsmannmützen oder Tiergesichter. Andere haben ein Rentier-Geweih oder eine Quaste als »Krönung«. Du bekommst bunte oder gemusterte Überzüge, wie sie von den Jockeys bei Pferderennen getragen werden. Wenn du sehr modebewusst bist, kannst du die Farben der Bandagen, Pferde- und Satteldecken auf die deines Reithelm-Überzugs abstimmen.

Stretchhosen

Die meisten Reithosen sind aus dehnbarem Stretchmaterial und geben deinen Beinen mehr Bewegungsfreiheit. Zu langen Reithosen kannst du kurze Stiefeletten tragen. Breeches dagegen hören unter dem Knie auf, sodass du Stiefel mit hohem Schaft brauchst. Reithosen mit Besatz am Gesäß lassen dich geradezu am Sattel »kleben«, also fester sitzen.

2

Streichel-einheiten

Vermutlich wirst du mehr Zeit mit der Pflege deines Ponys verbringen als mit dem Reiten selbst. Deshalb ist es wichtig, dass es dir Spaß macht, dein Pony zu verwöhnen. Ihr solltet die Stunden, die ihr miteinander verbringt, genießen. Lass deiner Fantasie freien Lauf: Denk dir ein spezielles Verwöhnprogramm aus!

Die Pflege

Putzen und Striegeln halten dein Pony sauber und gesund. Und ihr kommt euch dabei näher! In freier Natur beknabbern sich die Pferde gegenseitig. Das gehört zum Kennenlernen. Pferde sind gesellige Tiere. Einer hilft dem anderen. Sie stehen zum Beispiel Nase an Schweif, um sich gegenseitig die Fliegen vom Leib zu halten. Nutze das Putzen, um mit deinem Pony Freundschaft zu schließen. An manchen Tagen wirst du wenig Zeit haben und vor dem Reiten nur kurz übers Fell bürsten. Gönne deinem Pferd dafür an anderen Tagen das volle Schönheitsprogramm.

Ziemlich zerzaust
Pferde und Menschen haben etwas gemeinsam: Manche schaffen es, immer hübsch und ordentlich auszusehen. Andere dagegen …

Das kitzelt!

Manche Ponys lieben es, geputzt zu werden, andere weniger. Dieses Pony versucht das andere Pferd davon abzuhalten, an seinem Hals zu knabbern. Wenn dein Pony empfindlich ist, hat es irgendwann genug und gibt dir das zu verstehen. Achte auf die Zeichen, die dir sagen: »Es reicht jetzt.« Dein Pony legt vielleicht die Ohren an oder schlägt mit dem Schweif.

Kratz mir den Rücken …
Ponys betreiben gegenseitige Fellpflege, um sich anzufreunden oder um zu signalisieren: »Ich mag dich!« Und ein ganz praktischer Grund: Trotz der langen Beine kommen Pferde nicht überallhin, um sich zu kratzen, falls es juckt. Deshalb gilt: »Wenn du mir meinen Rücken kratzt, kratz ich dir deinen!«

Schlammbad

Bei Kälte und Nässe wälzen sich Ponys auch mal im Matsch. Das hält warm. Schlamm wirkt wie eine Isolierschicht: Kälte bleibt draußen, Wärme drinnen. Ponys, die auch bei Kälte im Offenstall oder auf der Koppel stehen, solltest du nur putzen, wenn unbedingt nötig. Reinige die Sattellage, die Gurtenlage und alle Stellen am Kopf, die mit der Trense in Berührung kommen, damit keine Scheuerstellen entstehen. Der Rest darf schmutzig bleiben – der Wärme wegen.

Ein blitzsauberer Schweif

Wenn Großputz angesagt ist, denk auch an den Schweif. Das Schweifhaar wird verlesen: Mit den Fingern entfernst du Zweige und Schmutz aus den Haaren. Danach kannst du sie mit einer Kardätsche bürsten. Benutze keine Bürsten mit zu harten Borsten – die Schweifhaare könnten abbrechen.

Danke, Mama!

Eine Stute stupst ihr Fohlen zart mit dem Maul, beruhigt es und schmust mit ihm. Manchmal knabbert sie vorsichtig am Mähnenkamm.
Du kannst dein Pony verwöhnen, indem du dieses Verhalten nachahmst: Streichle seinen Hals am Mähnenkamm.

Perfekt ausgerüstet

Mit dem richtigen Putzzeug ist es einfach, dein Pony gründlich zu pflegen. Anfangs genügen ein oder zwei Bürsten, Kämme und ein Hufkratzer. Allerdings gibt es noch jede Menge Utensilien, mit deren Hilfe du dein Pony sauber und hübsch machen kannst. Kennzeichne das Putzzeug mit dem Namen deines Ponys. Und benutze es nicht für andere Pferde. Es ist für dein Pony besser, eigenes Putzzeug zu haben – du möchtest deine Zahnbürste aus hygienischen Gründen schließlich auch mit niemandem teilen.

Putzkiste

Verstaue das Putzzeug in einer Box mit stabilem Griff. Dann kannst du alle Sachen auf einmal mitnehmen, egal ob auf die Koppel, in den Stall oder zu einer Schau.

Wurzelbürste

Diese Bürste mit relativ starren Borsten eignet sich, um den groben Schmutz von Hals und Rumpf zu entfernen. Benutze sie nicht fürs Gesicht und die kitzligen Ohren. Dafür ist sie zu grob.

Kamm für den Schweif

Der Kamm dient eigentlich zum Frisieren des Schweifs. Doch meistens haben sich die Haare sehr verheddert. Bürste den Schmutz lieber mit der Kardätsche aus dem Schweif und schüttle Stroh- oder Grashalme heraus. Den Kamm verwendest du nur, wenn du den Schweif bereits gebürstet und gewaschen hast. Andernfalls ist dein Pony irgendwann kahl und wund.

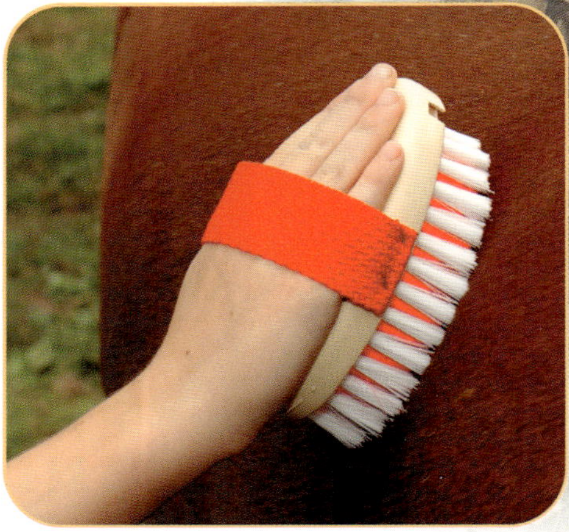

Kardätsche

Diese weichere, sanftere Bürste darfst du für den Kopf und andere empfindliche Körperstellen benutzen. Sie entfernt Staub und überschüssiges Fett. Striegle dein Pferd mit der Kardätsche, nachdem du den groben Schmutz mit der Wurzelbürste entfernt hast. Auch Schweif und Mähne kannst du mit der Kardätsche pflegen.

Putz- und Massagehandschuh

Mit diesem Gummi-Werkzeug, in das man hineinschlüpft wie in einen Handschuh, ist es ein Kinderspiel, die knochigen Körperstellen – wie die Vorderfußwurzel- und Sprunggelenke oder die Hüfthöcker – zu putzen und zu massieren.

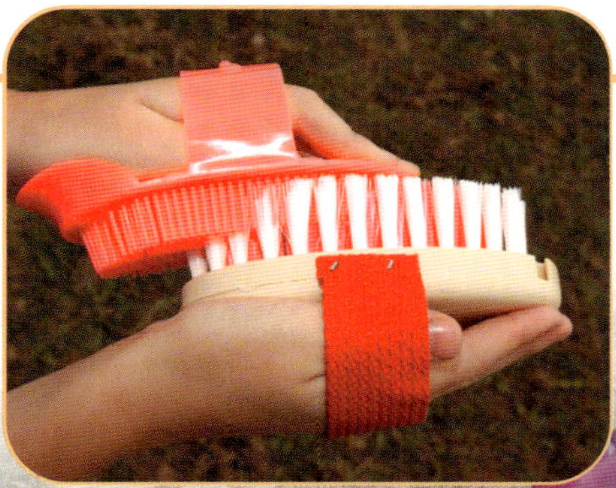

Plastikstriegel

Mit dem Plastikstriegel holst du Staub und Schmutz aus der Kardätsche. Du kannst ihn auch benutzen, um getrocknete Matschreste aus dem Fell zu bekommen.

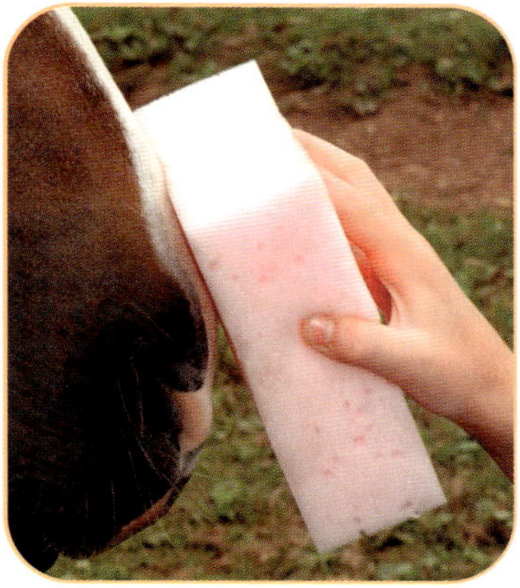

Schwämme

Mit einem feuchten Schwamm reinigst du Ohren, Augen, Nase und Maul des Ponys. Benutze einen andersfarbigen Schwamm speziell für die Schweifunterseite.

Hufkratzer *Bevor du dein Pferd striegelst, kratze ihm die Hufe aus. Entferne auch Steinchen, die sich festgesetzt haben. Hat sich dein Pferd erst einmal daran gewöhnt, wird es von allein die Hufe geben.*

Waschbürste *Tauche die Bürste in Wasser und reinige damit die Hufe des Pferdes, wenn sie sehr mit Matsch beschmiert sind. Du kannst sie auch benutzen, um groben Schmutz aus dem Fell zu bürsten oder um die Mähne und den Schweif anzufeuchten und zu glätten.*

Kamm für die Mähne

Mit diesem Kamm frisierst und entwirrst du die Mähne. Ist sie besonders schmutzig, kannst du sie zuerst mit einem Plastikstriegel bürsten und zum Schluss mit dem Kamm frisieren. Eine sehr struppige Mähne wäschst du besser erst, bevor du sie kämmst. Andernfalls riskierst du, mit dem Kamm jede Menge Haare auszureißen. Der Mähnenkamm wird auch zum Verziehen der Mähne verwendet (siehe Seite 31).

Auf Hochglanz poliert

Mit einem feuchten Tuch oder einem Stück Lammfell gibst du dem Fell deines Ponys den letzten Schliff. Im Fachhandel bekommst du auch Glanzsprays, die du mithilfe eines Tuchs aufträgst und die das Fell besonders schön aussehen lassen. Aber vergiss nicht: Kein Spray dieser Welt bringt das Fell deines Ponys zum Glänzen, wenn es ihm schlecht geht. Wirkt das Fell stumpf, prüfe zuerst, ob das Pony wirklich wohlauf ist.

Aus Spaß an der Freude

Haben wir nicht alle Spaß daran, uns ab und zu richtig hübsch zu machen oder verwöhnt zu werden? Gib deinem Pferd doch auch das Gefühl, etwas ganz Besonderes zu sein! Hier findest du einige Ideen. Auf Turnieren ist genau vorgeschrieben, wie die Pferde auszusehen haben. Aber zu Hause kannst du deiner Fantasie freien Lauf lassen und dein Pferd wie ein Supermodel ausstaffieren.

Bunte Bänder

Mit farbigen Bändern und ein bisschen Fingerspitzengefühl kannst du tolle Verzierungen zaubern und sie in die Mähne und den Schweif einflechten. Schleifchen sehen auch bildschön aus. Was immer du mit den Bändern vorhast: Nimm verschiedene Farben.

Den Schweif kürzen

Zuerst bürstest du den Schweif gründlich. Überlege dir, wie viel du abschneiden möchtest (siehe rechts). Wenn du so weit bist, stell dich seitlich neben das Pferd, nicht direkt dahinter. So kann es beobachten, was du tust. Die Schere sollte nicht zu klein, aber scharf sein. Umfasse den Schweif und fahre mit der Hand nach unten – bis zu der Stelle, wo du ihn kürzen möchtest. Versuche den Schweif ordentlich und gerade abzuschneiden, ohne abzusetzen. Sollten dann noch ein paar Strähnen überstehen, kannst du nachträglich korrigieren.

Wie lange?

In der Regel sieht es am besten aus, wenn der Schweif einige Zentimeter unterhalb des Sprunggelenks endet. Bedenke, dass manche Ponys ihren Schweif beim Laufen höher tragen als im Stehen. Schneide also zunächst lieber weniger ab. Kürzen kannst du immer noch. Der Schweif sollte nie oberhalb des Sprunggelenks enden.

Stirnriemen

Peppe den Stirnriemen der Trense mit zwei Samtbändern in deinen Lieblingsfarben auf. Das geht leichter, wenn du den Stirnriemen von der Trense entfernst.

Beginne an einem Ende des Stirnriemens. Lass die Bänder ein Stück überstehen, halte die Enden mit dem Daumen fest, während du die Bänder mehrmals fest um die gleiche Stelle wickelst.

Dann arbeite dich langsam vor, den Stirnriemen entlang. Die Bänder müssen straff sein und immer ein wenig überlappen, sodass vom Leder nichts mehr zu sehen ist.

Wenn du am anderen Ende des Stirnriemens angelangst, mach eine Schlaufe. Ziehe die überstehenden Bänder hindurch und schneide sie entsprechend den Enden auf der anderen Seite des Stirnriemens ab.

Mähnenschleifchen

Wenn du den Schweif deines Ponys mit Bändern schmückst, verziere auch die Mähne mit Bändern in passenden Farben. Flechte sie in die Mähne ein oder binde Schleifen – entweder um einzelne Haarsträhnen oben am Mähnenkamm oder am Ende eines Zöpfchens.

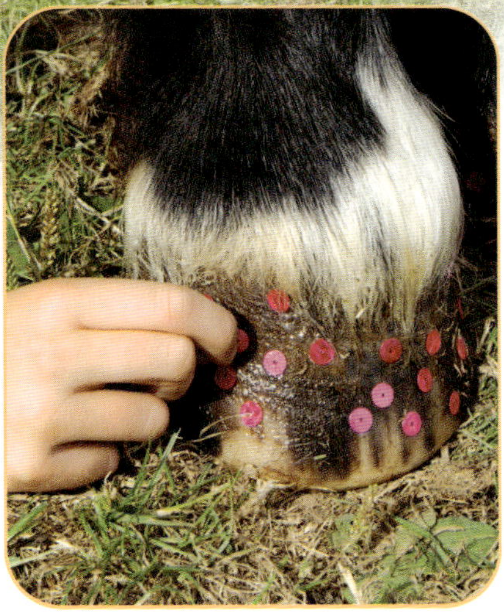

Hufschmuck

Huffett oder Hufbalsam verleihen den Hufen deines Pferdes Glanz. Möchtest du allerdings, dass die Hufe so richtig ins Auge stechen, dann versuche es mit buntem Glitter: Fixiere den Schmuck, solange die Hufe noch feucht vom Fetten sind. Benutze niemals Klebstoff!

Musterhaftes Fell

Auf Turnieren und Leistungsschauen oder auf Fotos entdeckst du Pferde und Ponys, denen ihre Besitzer tolle Muster auf die Kruppe gebürstet haben. Wenn dein Pferd einen seriösen Eindruck machen soll, halte dich lieber an geometrische Formen, wie Rauten, Schachbrettmuster oder Triangel. Dafür gibt es vorgefertigte Schablonen zu kaufen. Wenn du aber Spaß am Künstlerischen hast, entwirf eigene Muster und bastle die Schablonen dafür selbst.

Schablonen

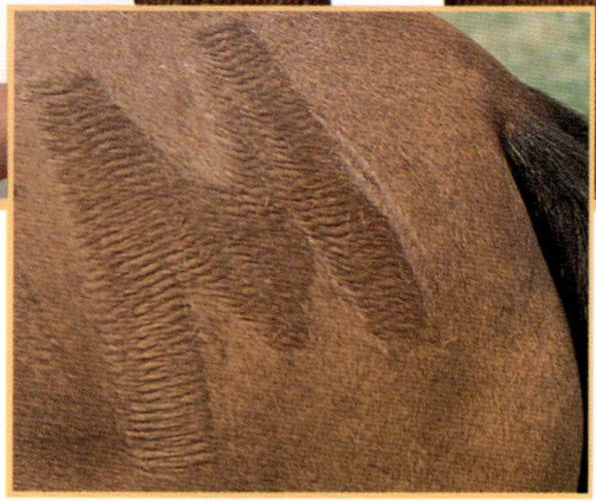

Ganz schön knifflig

Manche Muster gelingen dir mit einem Kamm besser als mit einer Bürste. Mit dem Kamm ist es leichter, die Ecken und Ränder entlang der Schablone sauber aufzubürsten. Die Muster sind dann deutlicher zu erkennen.

Eins nach dem andern

Muster wirken auf glattem, glänzendem Fell am besten. Bevor du dich also ans Aufbürsten machst, putze dein Pferd superordentlich. Mithilfe von Fellglanzspray oder Babyöl kannst du sogar die letzten Staubreste entfernen.

Schablonen herstellen

Klar, du kannst gekaufte Schablonen benutzen, um Muster auf die Kruppe deines Ponys zu bürsten. Doch viel mehr Spaß macht es, eigene Schablonen zu basteln.

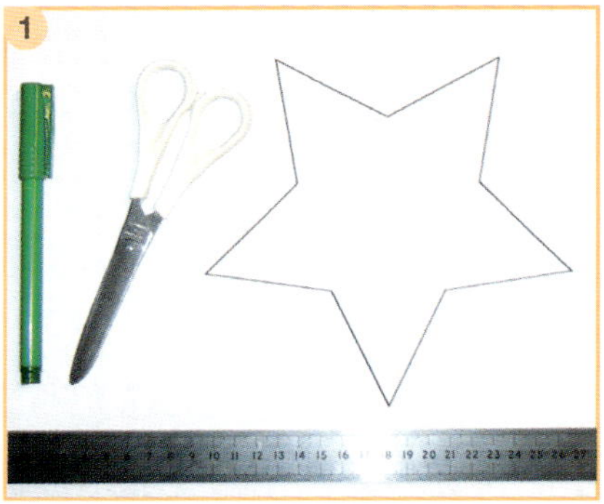

Nimm dickes Papier oder einen Karton und zeichne das Muster auf. Dann schneide es als Negativ aus. Wähle ein einfaches Motiv, z. B. einen Stern, ein Herz oder den Anfangsbuchstaben deines Namens.

Glätte das Fell deines Ponys mit einer weichen, feuchten Kardätsche an der Hinterbacke oder auch am Hals. Platziere die Schablone und bürste über sie, und zwar sanft gegen den Strich.

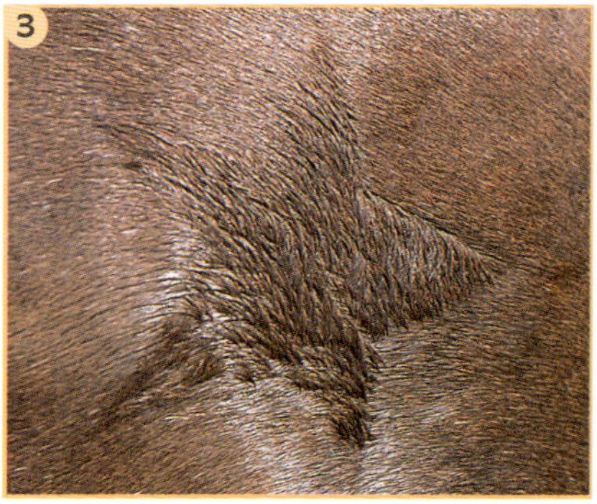

Entferne vorsichtig die Schablone. Jetzt hat dein Pony ein Designer-Fell. Im Sommer funktioniert das Ganze besser: Das Fell ist dann kurz und glänzend und nicht so dick und flauschig wie im Winter.

Gekämmte Muster

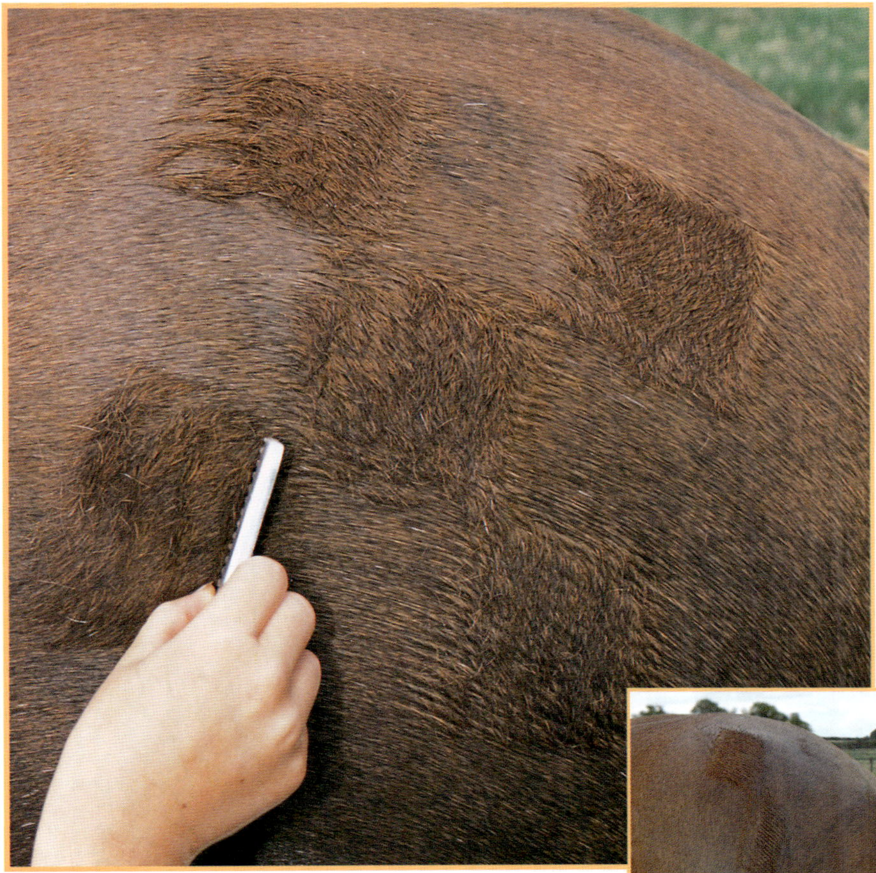

Sei erfinderisch!

Du kannst das Schachbrettmuster variieren, indem du den Kamm schräg ansetzt: Dann entstehen Rauten. Oder du reihst die Rechtecke und Rauten nicht in einem Block aneinander, sondern in einer Linie (siehe Foto rechts).

So gehts ...

Das Schachbrettmuster gelingt ohne Schablone, nur mit dem Kamm. Im ersten Quadrat liegen die Haare gegen den Strich, im nächsten in der natürlichen Richtung – und so weiter.

Zuerst glättest du das Fell mit einem weichen, feuchten Schwamm oder mit der Kardätsche. Dann nimmst du den Mähnenkamm und fährst damit gegen den Strich. So entsteht ein Quadrat.

Lass zwischen diesem und dem nächsten Quadrat eine ebenso breite ungekämmte Fläche. Achte beim Schachbrettmuster darauf, dass alle Quadrate gleich groß sind und auf einer Linie liegen.

Weitere Ideen

Kleeblatt

Batman

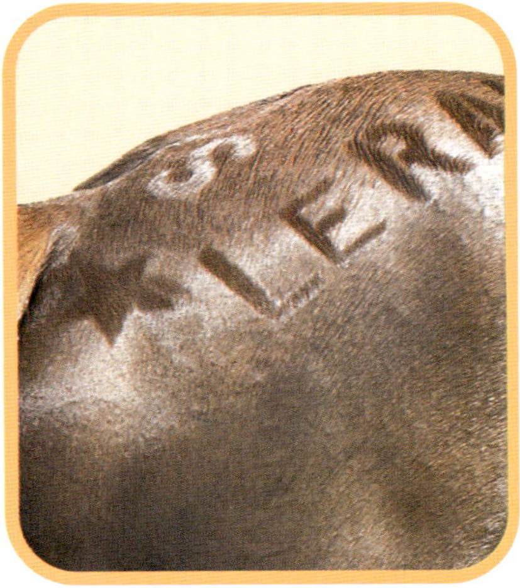

Buchstaben/Wörter

Schön verzogen …

Du kannst die Mähne und den Schweif deines Ponys lang und zottelig lassen, wie es die Natur vorgesehen hat. Du kannst sie aber auch verziehen, das heißt sie ausdünnen und kürzen. Verzogene Mähnen sind leichter zu bürsten. Allerdings geht es beim Verziehen hauptsächlich ums Aussehen. Für das Pony ist die Prozedur nicht angenehm. Wenn dein Pony viel draußen ist, ist es vielleicht besser, du lässt Schweif und Mähne lang. Bedenke, wenn du den Schweif verziehst, kannst du ihn nicht mehr flechten, und damit es schön aussieht, musst du ihn regelmäßig verziehen.

Zugkraft
Mit verzogener Mähne und verzogenem Schweif sieht dein Pony immer adrett aus, vor allem auf Turnieren.

Den Schweif verziehen

Fang oben auf einer Seite des Schweifs an. Nimm eine feine Haarsträhne, nicht vom Deckhaar, sondern von einer Stelle näher an der Unterseite des Schweifs. Wickele sie um den Kamm und zieh sie mit einem Ruck heraus.

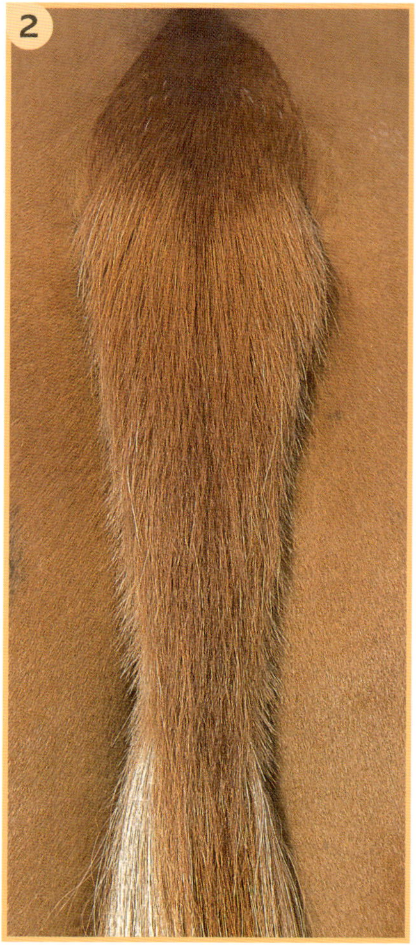

Arbeite dich beidseitig von oben nach unten vor. Verziehe den Schweif Stück für Stück. Endlich liegt der Schweif oben glatt und schmal an, nach unten fällt das Haar füllig und fließend.

Sicherheitstipp

Mach dich darauf gefasst, dass dein Pony nicht erfreut ist, wenn du ihm die Haare ausreißt. Versuche also nicht, eine dicke Strähne auf einmal herauszuziehen. Ein paar einzelne Haare ausgerissen zu bekommen tut nicht so weh. Wenn du nicht weißt, wie dein Pony reagiert, bitte einen Erwachsenen um Hilfe. Du kannst einen Strohballen zwischen die Hinterbeine deines Ponys und denjenigen legen, der den Schweif verzieht – als Schutz, falls das Pony unerwartet ausschlägt.

Die Mähne verziehen

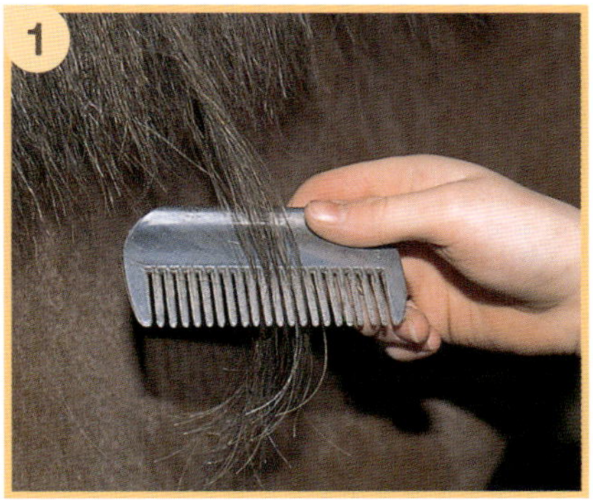

Durchs Verziehen wird die Mähne kürzer und zugleich ausgedünnt. Kämme die Haare zuerst sorgfältig, sodass sie frei von Knötchen sind. Mit verfilzten Haaren ist das Verziehen für dein Pony sehr unangenehm.

Willst du die Mähne ausdünnen, halte eine feine Strähne fest und kämme die restlichen Haare nach oben bis zum Ansatz zurück. Reiße die ganze Strähne aus. Zum Kürzen kämmst du die restlichen Haare nur bis zur gewünschten Länge zurück.

Wickle die Strähne um den Kamm, sodass sie nicht wegrutschen kann. Und mit einem kurzen, kräftigen Ruck ziehst du die Haare heraus. Dann trittst du einen Schritt zurück, um dir dein Werk anzusehen.

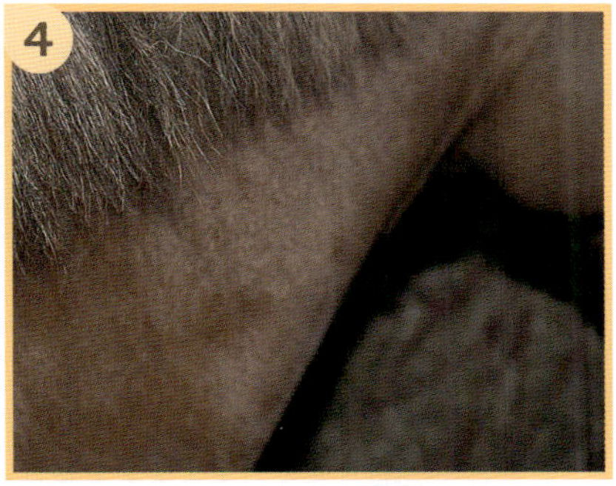

Haarig glücklich
Bei verschiedenen Ponyrassen lässt man Mähne und Schweif für gewöhnlich lang und strubbelig, ebenso den Kötenbehang unten an den Beinen.

Den Schweif bandagieren

Eine Schweifbandage glättet die Haare oder schützt den Schweif beim Transport. Sie muss einerseits so fest sitzen, dass sie nicht rutscht, andererseits darf sie aber nicht zu straff sein.

Hebe den Schweif an. Lege ein Ende der Bandage an den Ansatz der Schweifrübe. Halte das lose Ende fest. Umwickle die Schweifrübe einmal. Schlag das lose Ende um und wickle die Bandage darüber.

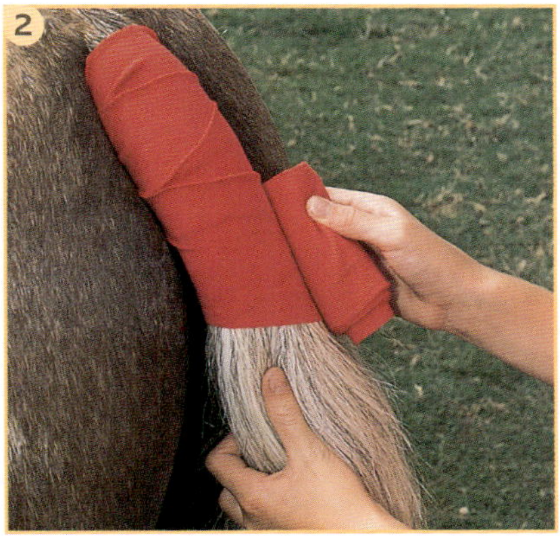

Fahre Stück für Stück mit dem Umwickeln fort, von oben nach unten, bis zum Ende der Schweifrübe. Achte darauf, dass die Bandage stets auf einem Drittel oder der Hälfte der Breite überlappt.

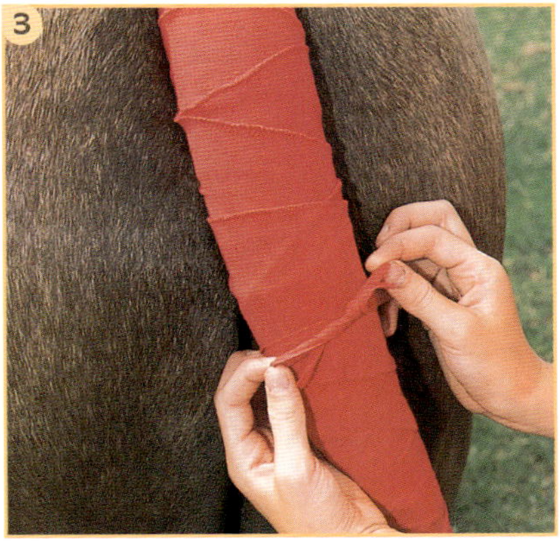

Am Ende der Schweifrübe wickelst du den Rest der Bandage wieder aufwärts. Verknüpfe die Bändchen der Bandage zu einer Schleife, die du zwischen zwei Lagen der Bandage versteckst.

Hübsch geflochten

Es gehört zur Tradition, Mähne und Schweif von Pferden bei offiziellen Anlässen, wie Jagden und Turnieren, einzuflechten. Ist der Schweif deines Ponys verzogen, kannst du ihn nicht einflechten. Die Mähne solltest du trotzdem flechten. Mit ein wenig Übung kann sich das Ergebnis sehen lassen. Bedenke, dass man bei manchen Rassen auf das Einflechten verzichtet. Bevor du dir also die Mühe machst, erkundige dich nach der »Kleiderordnung« für die Pferderassen. Unabhängig davon, ob du Zöpfe flichtst oder nicht, soll dein Pferd sauber, ordentlich gestriegelt und gekämmt sein.

Die Mähne einflechten

Es ist leichter, eine ordentlich verzogene Mähne zu flechten (siehe Seiten 30–31) als eine zottelige. Bevor du anfängst, nimm eine feuchte Bürste und kämme die Mähne glatt nach unten.

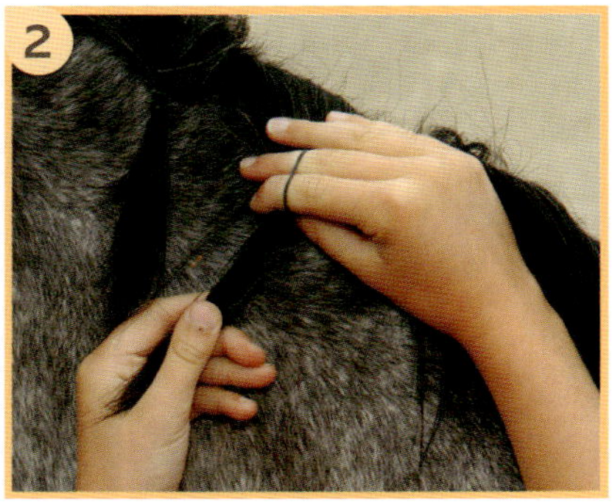

Teile die Mähne mit den Fingern in etwa gleich dicke Strähnen. Du weißt: Je dicker die Strähne, desto dicker wird der Zopf. Ziehe über jede Strähne ein Gummiband, damit sie nicht auseinander fällt.

Nimm eine Strähne, entferne das Gummiband und teile sie in drei gleiche Stränge. Du kannst das per Augenmaß machen oder ein kammähnliches Werkzeug kaufen.

Flechte jede Strähne möglichst fest. Lege dazu abwechselnd den linken äußeren Strang über den mittleren, dann den rechten äußeren über den mittleren …

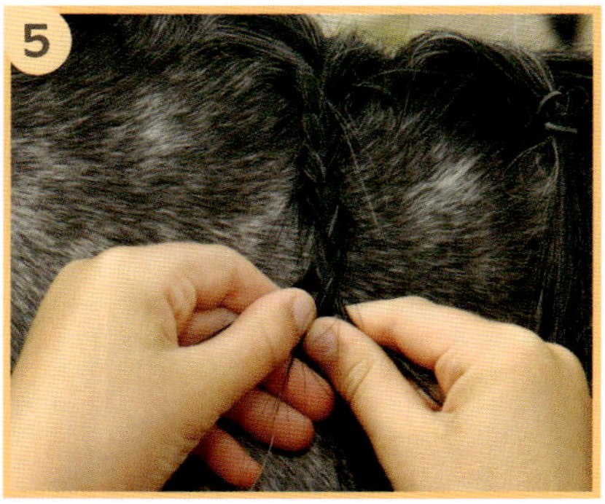

… bis du am Ende der Strähne angelangst. Wickle das Gummiband ein paarmal um das Ende des Zopfs, damit er sich nicht auflöst.

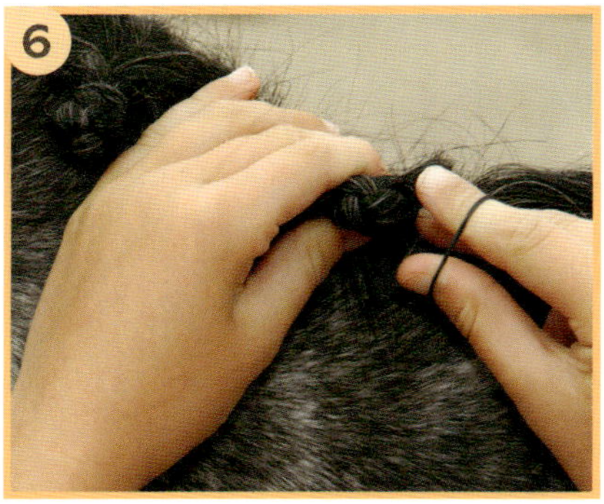

Falte den Zopf mehrmals, bis er eng am Mähnenkamm anliegt und wie ein Knopf aussieht. Jetzt hältst du das Ganze mit einem zweiten Gummiband zusammen. Die Stirnlocke flichtst du genauso.

Den Schweif einflechten

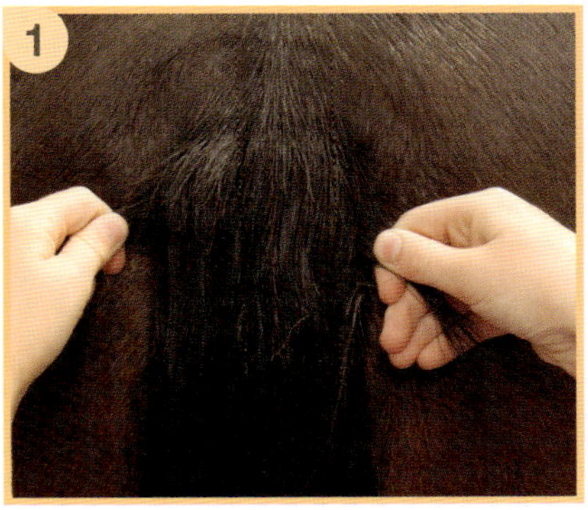

Um den Schweif einzuflechten, teile oben an den Seiten je zwei Haarsträhnen ab. Dann nimm eine dritte Strähne aus der Mitte des Schweifs. Alle drei Haarstränge sollten etwa gleich dick sein.

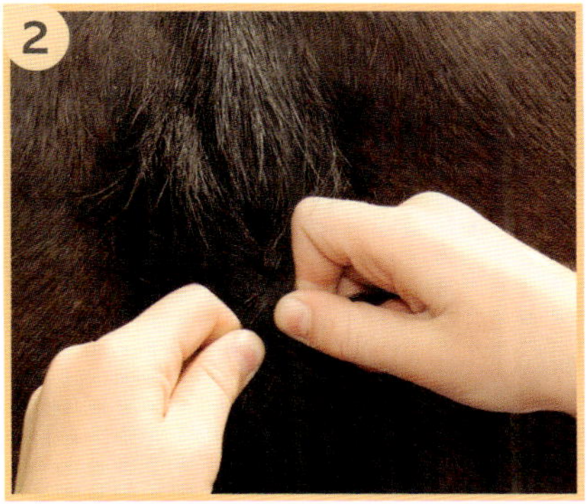

Lege den linken Strang über den mittleren, dann den rechten über den mittleren. Nun fügst du dem Strang, der links liegt, ein paar der seitlichen Haare hinzu und legst diese Strähne erneut über die mittlere. Das Gleiche machst du rechts. Die Dicke der Haarsträhnen soll stets gleich bleiben.

So fährst du nun fort und flichtst dabei stets weitere Haare von den Seiten mit ein. Sobald der Zopf eine gewisse Länge erreicht, wirst du sicherlich auch aus der Mitte des Schweifs noch mal eine Haarsträhne abteilen müssen.

Das Geheimnis eines schön eingeflochtenen Schweifs liegt darin, die seitlichen Strähnen möglichst straff zu ziehen. Außerdem sollte die mittlere Strähne des Zopfes auch wirklich in der Mitte liegen.

Wenn du am Ende der Schweifrübe angelangst, nimm keine weiteren Haare hinzu, sondern flechte aus den Strähnen, die du bereits in der Hand hältst, einen dünnen Zopf. Wickle um das Ende ein Gummiband.

Klappe den dünnen Zopf nach hinten oben, sodass das Ende dort zum Liegen kommt, wo dieses lange Zöpfchen anfängt. Fixiere das Ganze mit einem Gummiband. Eine Schweifbandage oder ein Schweifschoner schützen den Zopf.

Mähnen

Manche Ponys haben einen kurzen, eher dicken Hals, andere einen langen, eleganten. Um herauszufinden, welche Art von Zöpfchen deinem Pony am besten steht, experimentiere ein wenig. Oft sehen kräftigere Zöpfe bei Ponys mit kräftigem Hals am besten aus. Dünne, feine Zöpfchen passen gut zu einem Pony mit einem langen, eleganten Hals. Damit auch die Stirnlocke hübsch aussieht, flechte den Zopf anfangs wie beim Schweif. Später machst du mit einem gewöhnlichen Zopf weiter.

Fortlaufender Zopf

Fang mit einem kleinen Zopf relativ weit oben am Genick an. Nimm nicht zu viele Haare, der Zopf soll nicht so dick werden. Flechte einen einfachen Zopf, bis auf etwa zwei Drittel der Gesamtbreite der Mähne.

Dann teile eine weitere Haarsträhne ab und flechte sie von jetzt an mit ein. Achtung, du musst den Zopf, den du als Erstes geflochten hast, dabei sehr gut festhalten!

Füge immer weitere Haarsträhnen hinzu. Achte darauf, dass der Zopf in einer schönen, geraden Linie entlang dem Hals verläuft. Das funktioniert umso besser, je straffer du die neu hinzukommenden Strähnen hältst.

Knapp geworden

Beim fortlaufenden Zopf kommt irgendwann der Punkt, an dem die Mähnenhaare nicht mehr lang genug sind, um sie einzuflechten. Jetzt wickelst du ein Gummiband um den Zopf und fängst am anderen Ende der Mähne zu flechten an.

Hübsches Flechtwerk

Ein fortlaufender Zopf sieht bei Ponys mit feiner, langer Mähne besonders hübsch aus. Er ist schnell und leicht zu flechten und außerdem originell. Die Stirnlocke bleibt offen.

Haarnetz

Teile die Mähne deines Ponys in gleich dicke Strähnen und umwickle jede mit einem Gummiband. Die Strähnen dürfen ruhig dicker sein als beim Flechten von Zöpfen, da sie noch mal geteilt werden.

Teile zwei nebeneinander liegende Strähnen jeweils in der Mitte. Nimm die rechte Hälfte der linken Strähne und die linke Hälfte der rechten Strähne und führe sie zusammen. Arbeite sehr sorgfältig, sonst hängen zum Schluss lose Haare herum.

Ein Gummiband fixiert die neue Strähne. Der Punkt, an dem du die zwei ursprünglichen Strähnen verbindest, liegt exakt in der Mitte zwischen den beiden. So entstehen lauter kleine Rauten, die ungefähr gleich groß sein sollten.

So teilst du Strähne für Strähne und formst daraus neue, bis ein kunstvolles Haarnetz entstanden ist.

Raffiniertes Netz

Diese »Frisur« steht Ponys mit langer, dicker Mähne besonders gut. Ein auffallendes Styling, bei dem die Stirnlocke gewöhnlich ebenfalls zu einem Zopf geflochten wird.

Badezeit

Es ist warm und sonnig, du hast viel Zeit … Solche Tage eignen sich bestens für ein Vollbad. Du entfernst lose Haare, Schmutz und überschüssiges Körperfett aus dem Fell deines Pferdes, und es sieht danach klasse aus. Verwende warmes, nicht kaltes Wasser, damit sich der Schmutz besser löst und dein Pferd nicht erschrickt, vor allem wenn es zuvor in der warmen Sonne gestanden hat.

Abspritzen

Die einfachste und schnellste Art, Shampoo aus dem Fell zu spülen, ist es, das Pony mit einem Schlauch abzuspritzen. Manche Pferde müssen sich daran erst gewöhnen. An heißen Sommertagen sorgt das Abspritzen für angenehme Abkühlung.

Bade-Utensilien

A. *Schweißmesser* **B.** *Eimer* **C.** *Handtücher* **D.** *Shampoo* **E.** *Schwamm*

Schweif-Wäsche

Tauche den Schweif in einen Eimer mit warmer Seifenlauge, massiere das Shampoo ein. Spüle ihn sorgfältig mit klarem Wasser. Zum Trocknen wedelst du mit dem Schweif hin und her.

Haarwäsche

Mach die Mähnenhaare nass. Massiere ein wenig Shampoo bis zum Ansatz gründlich ein. Die Stirnlocke kämmst du zum Waschen zwischen den Ohren hindurch nach hinten. So vermeidest du, dass Shampoo in die Augen deines Ponys gerät.

Abziehen

Hast du das Pony gewaschen und die Shampooreste ausgespült, musst du es mit dem Schweißmesser abziehen. So entfernst du überschüssiges Wasser aus dem Fell. Du trocknest es gewissermaßen ab. Ziehe das Schweißmesser kraftvoll, in langen Zügen mit dem Strich über den Körper – nur nicht über die knochigen Stellen!

Schweif trocknen

Stell dich seitlich neben dein Pferd, umfasse den Schweif direkt unterhalb der Schweifrübe. Drehe die Haare wie einen Propeller. So trocknen sie schneller. Jetzt kannst du spezielles Spray benutzen und den Schweif frisieren, um Knoten zu entfernen.

Handtuchtrocken

Zum Schluss reibst du dein Pferd mit einem Handtuch trocken. Im Gesicht und an den Ohren musst du sehr behutsam sein, am Hals und am übrigen Körper kannst du ruhig fest rubbeln.

3

Spaß und Spiel

Mit deinem Pony kannst du viel Schönes unternehmen. Genießt die Zeit! Am lustigsten ist es gemeinsam mit Freunden und ihren Ponys. Ihr könnt Veranstaltungen besuchen oder an Reiterspielen teilnehmen. Wählt aus, worauf ihr besonders viel Lust habt. Und bei allem Spaß lernt ihr sogar noch voneinander. Euren Ponys gefällt das mit Sicherheit auch.

Freizeitspaß mit Ponys

Das Reiten bietet jede Menge Gelegenheiten, Freundschaften zu schließen. Je mehr Freunde, desto größer der Spaß. Ihr braucht nicht an Wettkämpfen teilzunehmen, ihr könnt auch zu Hause Rennen, »Turniere« oder Reiterspiele veranstalten. Ihr könnt gemeinsam picknicken, ausreiten, Pferdefreizeiten und Rallyes organisieren. Mit anderen Pferdefans macht das so richtig Laune. Außerdem könnt ihr euch gegenseitig helfen.

Gemeinsam lernen
Gemeinsamer Reitunterricht ist eine Chance, um voneinander zu lernen. Beobachtet euch gegenseitig! Das ist hilfreich, macht Mut und bringt euch weiter. Außerhalb der Reitstunden könnt ihr das Gelernte miteinander üben. Habt keine falsche Scheu: Bittet euch ruhig gegenseitig um Rat und Hilfe!

Ortswechsel

Trefft euch zum Üben auch mal woanders. Eure Ponys lernen dann, auch in fremder Umgebung ruhig zu bleiben und sich zu konzentrieren. Also trefft euch das eine Mal bei dir im Stall, das nächste Mal im Stall einer Freundin oder eines Freundes.

E-Mail für dich

Im Internet kannst du Reiterfreundschaften schließen und auf den Pferdeseiten viel Interessantes erfahren. Also: Logge dich ein, falls es die Erwachsenen erlauben. Ihr könnt dort Nachrichten und Fotos austauschen. Und manche Webseiten geben dir sogar die Möglichkeit, Fragen an Pferdeexperten zu richten.

Lass es dir gut gehen!

Das Allerwichtigste beim Reiten ist die Freude, die du an deinem Pony hast. Tue, was dir Spaß macht, nimm dir Zeit zum Ausruhen und mach das Beste aus deiner Freundschaft mit den Vier- und Zweibeinern.

Pony Camp

Der Euro Pony Club veranstaltet so genannte Pony Camps. Im Pony Camp nimmt jeder mit seinem Pony am Reitunterricht teil, genießt Wettkämpfe, Rätsel und vieles mehr. Vielleicht hast du Lust, für den »Euro-Reiter-Test« zu trainieren. Genaueres erfährst du bei der Deutschen Reiterlichen Vereinigung in Warendorf.

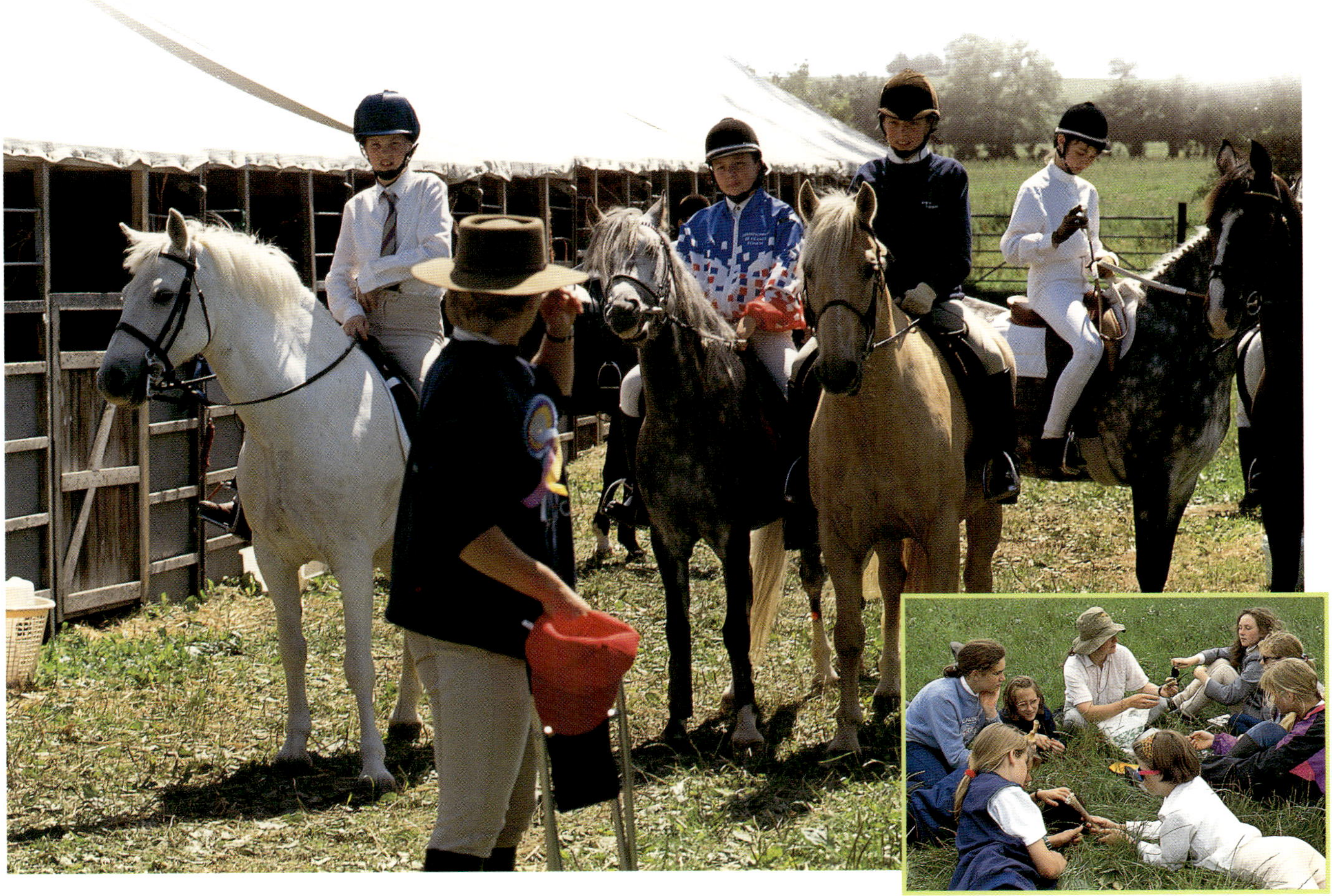

Jeder packt mit an

Pferdefreunde achten sorgsam auf die Gesundheit und das Wohlbefinden ihrer Pferde. Im Pony Camp wird die Stallarbeit geteilt. Man lernt viel dabei. In diesem Fall wurden mobile Boxen aufgestellt, in denen die Pferde nebeneinander untergebracht sind.

Auf die Plätze, fertig ...

Die heutigen Reiterspiele ähneln den Fitnessübungen der Soldaten vor über hundert Jahren in Indien. »Gymkhanas«, so werden sie in England genannt – das bedeutet: Gymnastik auf dem Pferderücken. Manche Reitvereine in Deutschland veranstalten Reiterspiele und Geschicklichkeitswettbewerbe. Die Besten und Schnellsten gewinnen Preise. Du kannst mit deinen Freunden auch zu Hause am Stall Reiterspiele organisieren.

Slalomreiten übst du am besten erst im Schritt und im Trab. Dann versuche es im Galopp.

Welch ein Lärm!

Erfolgreiche »Spielreiter« brauchen ein Pony, das sich weder vor den Spiel-Gegenständen noch vor Lärm fürchtet. Bei einigen Spielen geht es nämlich ganz schön laut zu. Bevor du an den Start gehst, lass dein Pony also in Ruhe an allem herumschnuppern. Beruhige und lobe es. Reite um die Heuballen und Stangen herum, bis dein Pony sich nahe herantraut. Um es an Geräusche zu gewöhnen, bitte einen Freund oder eine Freundin, Kartoffeln in einen Eimer zu werfen. Je unerschrockener dein Pony ist, desto größer sind die Chancen zu gewinnen.

Slalomrennen

Vom Start aus reitest du auf eine Reihe hintereinander liegender Strohballen zu. Zwischen ihnen ist so viel Platz, dass dein Pferd im Slalom um die Ballen herumlaufen kann. Benutzt keine Stangen oder Koppelpfähle – das kann extrem gefährlich werden! Slalomrennen sind ein perfektes Training für den korrekten Einsatz der Schenkelhilfen und die Feinabstimmung von Schenkel- und Zügelhilfen.

Reise nach Jerusalem

Ihr braucht Musik und einen »Discjockey«, außerdem einen »Stuhlkreis«, dessen Anzahl an Sitzen um einen niedriger ist als die Zahl der Teilnehmer. Reitet zur Musik um die Sitze herum. Sobald die Musik stoppt, springt ihr vom Pferd und setzt euch. Wer keinen Sitz erwischt, scheidet aus. Nehmt eine Sitzgelegenheit weg und macht weiter, bis nur noch ein Teilnehmer übrig ist.

Eier-Rennen

Aufgabe ist es, ein hart gekochtes Ei auf einem Löffel möglichst schnell und sicher vom Start ins Ziel zu jonglieren. Fällt das Ei vom Löffel, müsst ihr vom Pferd absteigen, das Ei aufheben, zurück in den Sattel und weiterreiten. Probiert es erst im Schritt, bevor ihr euch an Trab und Galopp wagt. Dieses Spiel fördert das Gleichgewicht und das Ruhighalten der Hände.

Einhändig reiten

Du lenkst das Pferd mit dem äußeren Zügel, der am Hals anliegt. Soll dein Pony nach rechts gehen, verlagere dein Gewicht leicht nach rechts, bewege deine Hand so, dass der äußere Zügel links am Hals anliegt. Soll es nach links, gilt das Umgekehrte.

Die meisten Reiterspiele erfordern schnelle Richtungs- oder Geschwindigkeitswechsel. Darüber hinaus solltest du mit einer Hand lenken und dich aus dem Sattel lehnen können – ein hervorragendes Gleichgewichtstraining! Gute Reiter brauchen eine ausgewogene Balance.

Lenke das Pony mithilfe deiner Beine.

Tennis mal anders

Anstelle von Löffel und Ei kannst du einen Tennisschläger und einen Ball verwenden. In beiden Fällen kommt es darauf an, die Hände ruhig zu halten, auch wenn dein Pony sich bewegt. Eine ruhige Hand zeichnet einen guten Reiter aus. Denn jedes Mal wenn du mit deiner Hand hin und her wackelst, spürt es dein Pony im Maul. Je ruhiger deine Hände, desto angenehmer empfindet es dein Pony.

Steinhüpfen

Ihr ordnet Strohballen hintereinander an. Reitet möglichst schnell auf die Ballen zu und springt vom Pony. Jetzt führt ihr das Pony seitlich an den Strohballen vorbei, ihr selbst hüpft von Ballen zu Ballen. Zurück aufs Pferd – und blitzschnell ins Ziel!

Schritt-, Trab- und Galopprennen

Eine wunderbare Übung, dein Pferd in einer bestimmten Gangart zu halten! Reiht euch entlang der Startlinie auf und reitet möglichst schnell im Schritt zur Ziellinie. Wendet und trabt zurück. Dann wendet ihr wieder und galoppiert die letzte Strecke. Trabt euer Pony, wenn es Schritt gehen sollte, oder galoppiert es, anstatt zu traben, müsst ihr eine Runde auf dem Zirkel reiten. Erst dann dürft ihr das Rennen in der richtigen Gangart fortsetzen.

Sockenrennen

Einige Freunde stehen an der Ziellinie, jeder mit mehreren Paar Socken in der Hand. Jeder Reiter jagt nun auf einen der Freunde zu, schnappt sich das erste Paar Socken, reitet zurück zum Start und wirft die Socken in einen Eimer. Nun muss er das zweite Paar holen. Wer alle Sockenpaare zuerst im Eimer hat, ist Sieger.

Sprung aufs Pferd

Aufspringen ist die schnellste Art, bei einem Rennen aufs Pferd zu kommen. Übe es: Laufe auf Schulterhöhe neben deinem Pony her und lege die linke Hand auf den Widerrist. Greife mit der rechten Hand über den Rücken und halte dich am Sattel. Springe hoch und vor und schwinge dein rechtes Bein über den Pferderücken. Anfangs solltet ihr im Stehen üben. Wenn ihr es in der Bewegung versucht, bitte jemanden, dein Pony zu führen.

Softball-Staffel

Bei diesem Staffellauf – besser gesagt: Staffelritt – werden Teams gebildet. Eine Hälfte des Teams steht hinter der Ziellinie, die andere hinter der Startlinie. Als »Staffelholz« dient ein Softball für Pferde. Der erste Reiter flitzt los. Im Ziel angekommen übergibt er den Softball dem nächsten Reiter. Der eilt zurück zur Startlinie und übergibt den Ball dem Nächsten aus dem Team und so weiter. Bevor ihr loslegt, macht alle Pferde mit dem Softball vertraut, damit sie keine Angst haben.

Schummeln gilt nicht!

Damit niemand mogelt, markieren Stangen die Start- und die Ziellinie. Gestartet wird hinter den Stangen. Im Ziel ist, wer sie überschritten hat. Stangen sind sicherer als Bänder, die sich leicht verheddern.

Ballspiele

Dir gefallen Mannschaftsspiele und es macht dir nichts aus, wenn es im Getümmel auch mal rauer zugeht? Polo, Polocrosse und Horseball sind schnelle, spektakuläre Mannschaftsballspiele mit dem Pferd.
So populär wie in England, wo viele Pony Clubs Einführungskurse anbieten und eigene Junioren- und Senioren-Mannschaften haben, sind die Spiele bei uns nicht. Aber es gibt auch in Deutschland Polo- und Horseball-Verbände. Polocrosse dagegen wird bei uns kaum gespielt. Die Welt des Polos ist eine Glitzerwelt. Horseball oder Polocrosse zu spielen ist billiger. Außerdem reicht dazu ein Pferd. Sobald die Ponys verstanden haben, was ihre Reiter tun, machen sich viele bei diesen Spielen ausgesprochen gut.

Horseball
Es treten zwei Teams mit je vier Spielern an. Das Spielfeld misst 70×30 Meter. Die Spieler werfen sich einen Lederball zu, der in einem Geschirr mit sechs Griffen befestigt ist. Die gegnerische Mannschaft versucht den Ball abzujagen. Gelingt es, den Ball durch einen Korb am Ende des Spielfeldes zu werfen, erzielt das Team einen Punkt. Fällt der Ball auf den Boden, müssen die Spieler ihn aufheben, ohne einen Fuß auf den Boden zu setzen.

Polocrosse
Immer drei Spieler aus einem Sechser-Team spielen über Zeiteinheiten (»Chukkas«) von je acht Minuten. Jedes Spiel, bestehend aus sechs Chukkas, wird auf einem Spielfeld in der Größe eines Fußballplatzes ausgetragen. Der Ball wird mit einem Netz-Racket geworfen und gefangen. Wer den Ball zwischen den beiden zweieinhalb Meter auseinander stehenden Zielpfosten hindurchschießt, punktet.

Polo

Jeder Spieler braucht zwei Ponys, denn Polo ist äußerst rasant, zu anstrengend für ein einziges Pony. Das Spielfeld misst 274 × 183 Meter, an jedem Ende steht ein Tor. Je vier Spieler bilden ein Team. Alle spielen den harten Ball mit einem langstieligen Schläger aus Bambusrohr. Wie beim Hockey versuchen die beiden Mannschaften sich gegenseitig den Ball abzunehmen und ihn ins gegnerische Tor zu schlagen. Jedes Spiel setzt sich aus sechs Runden (»Chukkas«) zusammen, die jeweils siebeneinhalb Minuten lang sind.

Privat-Training

Horseball und Polocrosse könnt ihr auch zu Hause mit euren Freunden und Freundinnen spielen. Mit Polo ist das schwierig, weil jeder Spieler zwei Ponys braucht. Eignet euch die Grundregeln an und gewöhnt vor allem eure Ponys gut ans Spielen. Dann könnt ihr gemeinsam trainieren. Bittet einen Sattler, euch sechs Griffe an einen Fußball zu nähen – schon habt ihr einen Horseball.

Gut geschützt

Bei diesen Spielen müssen die Ponybeine gut vor Schlägen durch Stöcke, Bälle oder andere Ponys geschützt werden. Deshalb tragen die Ponys Gamaschen. Sie geben den Beinen außerdem Halt bei den schnellen Drehungen, Wendungen, Stopps und Starts, die rasanter sind als bei den meisten anderen Spielen. Die Ponys brauchen eine gute Kondition und müssen sehr beweglich sein. Der Schweif wird komplett bandagiert, damit er sich nicht in der Ausrüstung der anderen Reiter verfängt. Auch bei den Polospielern wird auf Sicherheit geachtet: Sie tragen Knieschützer, manchmal auch einen Gesichtsschutz.

Kostümfeste

Kostümpartys sind Klasse, vor allem wenn ihr euch ein Thema ausdenkt, das mit Pferden zu tun hat: Ritter in Rüstungen, Indianer, der Wilde Westen, Prinzessinnen im Mittelalter und was euch sonst noch einfällt. Mit ein wenig Fantasie könnt ihr euch die ausgefallensten Verkleidungen ausdenken. Allerdings sollten eure Freunde erkennen können, was ihr darstellt. Kostüme könnt ihr euch ausleihen. Viel mehr Spaß macht es aber, sie selbst zu nähen.

Kostümiere dein Pony!
Schmücke Zaumzeug, Sattel, Schweif und Mähne passend zu deinem Kostüm.

Wie im Mittelalter
Mittelalterliche Kostüme kannst du leicht selber machen. Für diese hier brauchst du bloß alte Kleider und ein paar Utensilien, die es überall zu kaufen gibt. Sie herzustellen dauert auch nicht lange. Wie es funktioniert, erfährst du auf den Seiten 54–55.

Gut gekleidet

Wie auch immer du dich verkleidest, trage beim Reiten deinen Reithelm! Du musst dich in deinem Kostüm wohl fühlen, die Zügel gut halten und deinem Pony die nötigen Hilfen geben können. Verkleide dich probehalber, damit sich dein Pferd an das Kostüm gewöhnt.

Galerie der Verkleidungen

Prinzessin

Clown

Maharadscha

Holländerin

Hawaiianerin

Pierrot

Ein Ritter, den man nicht vergisst

Ein tolles Ritterkostüm ist schnell hergestellt. Als Basis für das »Kettenhemd« brauchst du Plastikfolie mit Luftblasen. Besprühst du die Folie mit Silberspray, sieht das Hemd richtig edel aus. Dieses Kostüm ist eine Kreuzritterrüstung mit einem leuchtenden roten Kreuz auf dem Vorderteil. Du kannst dir auch ein anderes Symbol aussuchen. Setzt du außerdem eine Krone auf, bist du an diesem Tag der »King«. Lade deine Freunde ein und veranstaltet euer eigenes Ritterturnier.

Material

A. *Plastikflasche* **B.** *Silberspray* **C.** *Klebeband* **D.** *Luftpolster-Folie* **E.** *Silbergrauen Filz* **F.** *Weißen Stoff* **G.** *Roten Filz* **H.** *Schere* **I.** *Bleistift; außerdem kräftiges Papier*

Putze dein Pony heraus!
Es macht sich sicher gut als das »Ross« eines Ritters. Schmücke es mit bunten Fähnchen. Krepppapier eignet sich dafür bestens. Nimm die Farbe, die dein Symbol hat, und schneide Zacken aus dem Papier.

Das Kettenhemd

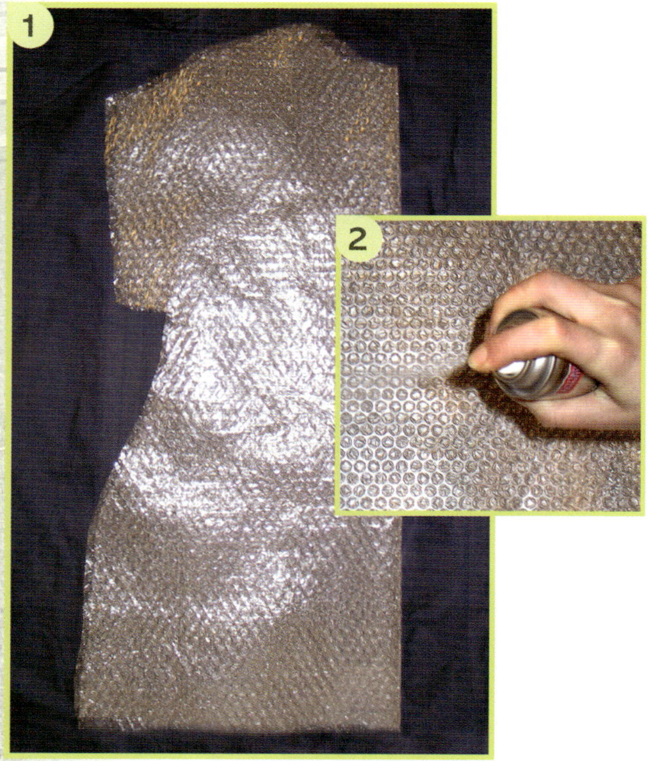

Lege ein großes T-Shirt auf die Luftpolster-Folie. Zeichne die Umrisse nach. Schneide das Kettenhemd aus. Vorder- und Rückenteil sollten jeweils symmetrisch sein. Zur Kontrolle legst du die Folie der Länge nach zusammen **(1)**. Besprühe die Teile mit Silberspray **(2)**.

Zeichne die Symbole auf kräftiges Papier **(3)**. Schneide sie aus. Trägst du auf der Vorderseite deines Kettenhemdes ein Kreuz, kannst du dir für den Rücken etwas Aufregenderes ausdenken, z. B. einen Drachen, eine Schlange oder einen Blitz. Lege deine Schablone auf den farbigen Filz und zeichne die Umrisse nach **(4)**. Schneide das Symbol aus. Klebe es auf ein Stück weißen Stoff.

Helm auf!

Denk dran, deinen Reithelm solltest du immer tragen, auch unter dem Kopfschmuck deines Kostüms! Verwandle deinen Reithelm doch mit silbernem Tonkarton in einen starken Ritterhelm.

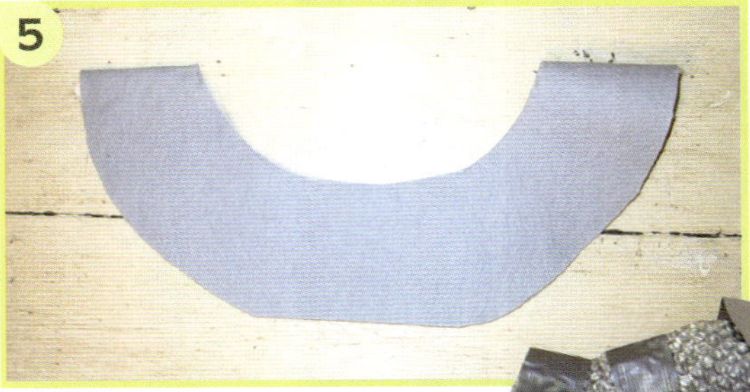

Der Kragen **(5)**: Schneide aus silbergrauem Filz einen Kreis aus und lege ihn zur Hälfte zusammen. Schneide an der Faltkante einen Halbkreis aus, so groß wie der Kettenhemd-Ausschnitt.

Sollte die Öffnung für deinen Kopf zu eng sein, versieh sie mit zwei kurzen Schlitzen.

Klebe die beiden Teile deiner Rüstung aneinander – silberfarbenes Klebeband sieht besonders gut aus. Jetzt fehlen noch die Symbole auf der Vorder- und Rückseite **(6)**. Klebe sie auf oder bitte einen Erwachsenen, sie festzunähen; dann halten sie besser.

Bänder und Rosetten

Du nimmst an Wettkämpfen teil? Dann dauert es wohl nicht allzu lange, bis du siegen wirst. Die Rosetten kannst du zu Hause an die Wand pinnen. Doch selbst wenn du nicht auf Turniere gehst (oder bisher eben nicht gewonnen hast): Rosetten basteln macht Spaß. Der Vorteil solcher Rosetten: Du selbst wählst die Farben aus – und du kannst immer den ersten Preis gewinnen. Falls du Lust hast, den Stirnriemen an der Trense deines Ponys zu verzieren (siehe Seite 27), dann bastle doch passende Rosetten für dich und dein Pony.

Ton in Ton

Rot, Weiß und Blau – das sind die Farben der Rosette auf Seite 57. Natürlich kannst du Krepppapier und Bänder in anderen Farben verwenden – je nachdem, was dir am besten gefällt. Vielleicht wählst du Farben, die zur Trense deines Ponys, zu deiner Kleidung oder zu deinem Haar passen oder dazu einen Kontrast bilden.

Material

A. *Krepppapier* **B.** *Becherglas* **C.** *Pappe* **D.** *Heftgerät* **E.** *Klebstoff* **F.** *Schere* **G.** *Stift* **H.** *Filz* **I.** *Bänder* **J.** *Musterbeutelklammern* **K.** *Lineal*

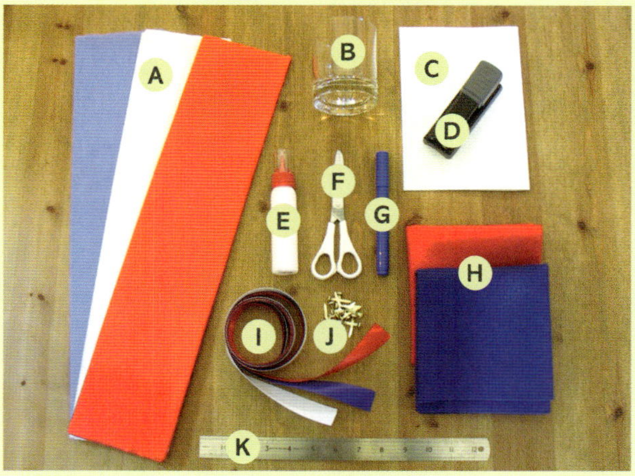

So gehts

Für den äußeren Kreis der Rosette misst du mit dem Lineal einen 10 Zentimeter breiten und 90 Zentimeter langen Streifen ab. Schneide den Streifen aus und falte das Krepppapier wie einen Fächer **(1)**. Am Schluss tackerst du das Ganze mit dem Heftgerät an einer Seite zusammen **(2)**.

Zieh den »Fächer« vorsichtig auseinander, damit ein Kreis entsteht, und hefte die beiden Enden zusammen **(3)**. Den inneren Kreis der Rosette stellst du wie den ersten her: Verwende dafür einen 7 Zentimeter breiten, andersfarbigen Krepppapierstreifen.

Schneide zwei Kreise aus Karton, einen Kreis aus Filz (Größe: wie der Rand des Glases). Klebe den Filzkreis auf einen der Kartons und platziere ihn auf der Mitte der beiden Krepppapier-Rosetten. Steck eine Musterbeutelklammer durch alle drei Lagen **(4)**.

Vorsicht!

Diese Rosetten sind nicht wetterfest. Das Papier weicht bei Regen auf und Krepppapier färbt ab, wenn es nass wird. Deine Reitsachen könnten Flecken bekommen.

Schneide ein paar Bänder ab, pikse die Musterbeutelklammer durch und klappe die Enden der Klammer auseinander, sodass alles zusammenhält **(5)**. Nun klebst du den zweiten Kreis aus Karton auf die Rückseite der Rosette.

Fixiere mit Klebeband eine Sicherheitsnadel – fertig! Jetzt kannst du die Rosette an dein Sakko stecken **(6)**.

Es macht nichts, wenn die Krepppapierstreifen weniger als 90 Zentimeter lang sind. Die Rosette kräuselt sich dann eben nicht so stark.

4

Schul-regeln

Gehorsam und Aufmerksamkeit, das sind zwei Eigenschaften, die du deinem Pony beibringen musst. Das Reiten macht dann doppelt so viel Spaß, ob im Gelände oder auf einem Turnier. Außerdem ist es eine Frage der Sicherheit: Wenn du an einer Straße entlangreitest, musst du dich darauf verlassen können, dass dein Pony deinen Anweisungen folgt.

So leicht wie das Abc

Allein beim Wort »Gymnastizierung« oder »Dressur« fangen viele Reiter – und Ponys – zu gähnen an. Doch Dressurlektionen lehren dein Pony, sich auszubalancieren und korrekt auf Hilfen zu reagieren. Man könnte ein aufmerksames, ausbalanciertes Pony mit einem guten Auto vergleichen, das weich beschleunigt, bremst und in die Kurven fährt. Das ist viel angenehmer, als von einer Klapperkiste durchgeschüttelt zu werden. Also, egal ob du Freizeitreiter bleiben oder ein Top-Vielseitigkeitsreiter werden möchtest: Das Trainieren von Dressurlektionen und Hufschlagfiguren bringt zusätzlichen Reitgenuss.

Aufeinander abgestimmt
Ganz gleich, ob ein Pferd einfache Hufschlagfiguren oder schwierige Lektionen wie diese Galopppirouette übt: Es lernt dabei, korrekt auf die reiterlichen Hilfen zu reagieren und sich auszublancieren. Ein gut ausgebildetes Pony führt eine Lektion erst dann aus, wenn der Reiter die Anweisungen gibt, also die entsprechenden Hilfen. Vor allem sollte dein Pferd die Grundlagen beherrschen (siehe Seiten 61–62).

Wage den Vergleich!
Dressurturniere bieten dir die Chance, den Ausbildungsstand deines Ponys unter Beweis zu stellen. Der Test besteht aus verschiedenen Lektionen, die du vorführen musst. Die Richter beurteilen eure einzelnen Leistungen mithilfe einer Punkteskala von 1 bis 10. Eventuell notieren sie zusätzliche Bemerkungen, sodass für dich ersichtlich wird, was gut geklappt hat und wo du mehr üben musst.

Die Vorstellung machts

Profidressurreiter benutzen Dressursättel, die eine hoch aufgerichtete, elegante Sitzposition unterstützen. Sitzt du schon halbwegs sicher im Sattel, versuche deine Haltung zu verbessern und reite mit etwas längeren Steigbügeln. So streckst du die Beine und bringst sie noch besser ans Pferd. Stell dir einen aufgerichteten, eleganten Dressurreiter vor, mit Melone und Frack, und versuche genauso zu reiten.

Loben nicht vergessen!

Vergiss nicht dein Pony zu loben, wenn es etwas richtig macht oder wenn es sich bemüht. Lob ist beim Training mit das Wichtigste. Dein Pony muss wissen, wann es etwas richtig macht und wann falsch. Nur so kann es dazulernen. Viele Reiter sind recht schnell dabei, ihr Pony für einen Fehler zu tadeln. Der Lerneffekt ist aber viel größer, wenn du es mithilfe deiner Stimme oder einem zarten Klopfen auf den Hals für das lobst, was es richtig macht. Dein Pony wird dann auch bereitwilliger mitarbeiten. Bedenke, dass Ponys oft nur deshalb das Falsche tun, weil sie ihren Reiter nicht verstehen. Verwirre dein Pony nicht. Zeige eindeutig, was du von ihm willst.

Gut vorbereitet

Wenn du an einer Dressurprüfung teilnimmst, musst du wissen, was von dir verlangt wird: Du solltest die Lektionen und ihre Abfolge beherrschen. Allerdings ist es besser, die Hufschlagfiguren einzeln zu üben. Ansonsten lernt dein Pony schnell die Reihenfolge der Lektionen und macht sie von alleine, ohne auf deine Hilfen zu warten. Zeichne die Hufschlagfiguren vor dem Üben auf ein Blatt Papier. Trainiere nie zu lange am Stück, sonst langweilt sich dein Pferd und verliert dadurch an Ausdruck. Lege zwischen den Lektionen immer wieder Entspannungspausen mit einfachen Übungen ein, die euch beiden Spaß machen.

Übung macht den Meister
Neue Lektionen trainierst du mit deinem Pony am besten zu Hause in aller Ruhe. So bekommt ihr die notwendige Routine. Vermutlich bist auch du entspannter, wenn dir beim Üben niemand zusieht.

Ich bin der Richter

Übt zu Hause verschiedene Dressurprüfungen. Ein Freund oder eine Freundin spielt den Richter. Nachher tauscht ihr die Rollen. Benutzt alte Tests. Die Noten, die darin verzeichnet sind, helfen euch nachzuvollziehen, wie bewertet wird.
Das Training soll euch Spaß machen.
Ziel ist es, voneinander zu lernen.
Also streitet nicht, okay?

Das Reiter-Abc

Lerne die Position der Buchstaben in der Reitbahn auswendig. Baue dir Eselsbrücken: Stell dir also vor, du trabst nicht von A nach E, sondern von einem **A**ffen zu einem **E**lefanten.

Es bewegt sich nicht!

Kennst du das? Ein Reiter sitzt auf seinem Pony, bohrt ihm die Fersen in die Flanken und trotzdem rührt sich das Pferd nicht vom Fleck. Schlecht erzogene Ponys ignorieren oft die Hilfen des Reiters. Andere geben es einfach auf zu reagieren, weil die Anweisungen ihrer Reiter nicht eindeutig sind. In der Dressur lernt der Reiter, klare Hilfen zu geben; das Pony lernt, korrekt zu reagieren. Wenn du von deinem Pony nichts willst, lass die Beine locker. Der Schenkeldruck setzt erst ein, wenn du eine bestimmte Hilfe geben willst. *Auf den Seiten 64–65 erfährst du, wie du das Pony lehrst, dir zuzuhören.*

Dein Privat-Reitplatz

Falls ihr am Stall keinen Reitplatz habt, kannst du mit Pfosten ein geeignetes Stück Wiese abstecken: am besten in einer Ecke der umzäunten Koppel.

Du brauchst für deinen Platz noch Bahnpunkte. Drucke die Buchstaben entweder mithilfe eines Computers aus oder schreibe sie von Hand mit einem dicken schwarzen Filzstift.

Sammle rechteckige 5-Liter-Kanister. Die Buchstaben klebst du jeweils auf eine der breiten Kanisterseiten. Sobald der Klebstoff trocken ist …

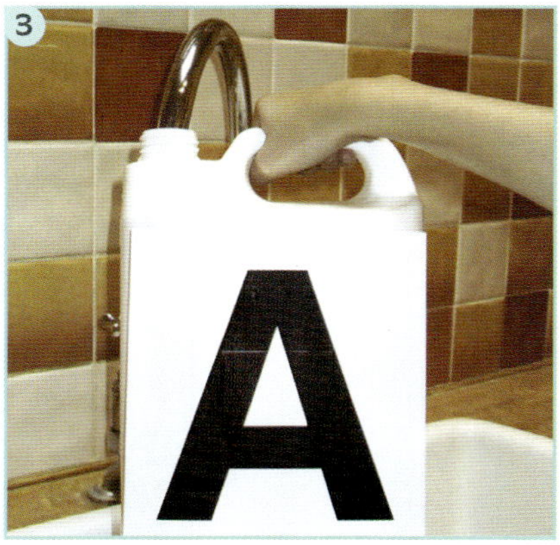

… füllst du die Kanister mit Wasser oder Sand, damit sie der Wind nicht umwirft. Schraube den Deckel wieder zu. Jetzt stell deine Bahnpunkte auf.

Diese Zeichnung eines Dressurvierecks (rechts) ist eine **englische Variante**. Drehe sie in Gedanken um 180 Grad, um die in Deutschland übliche Anordnung (unten) zu erhalten:

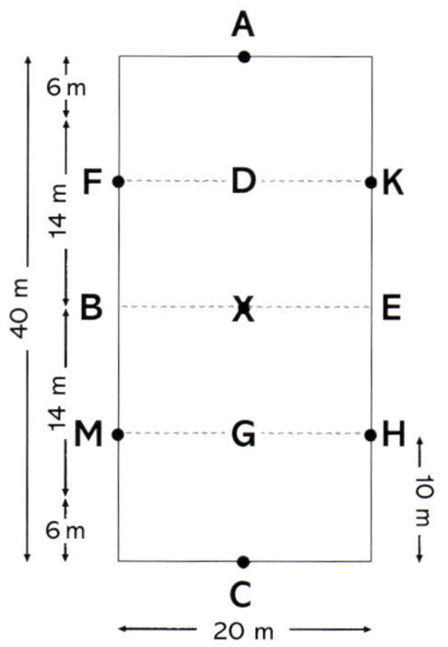

• Zirkelpunkte

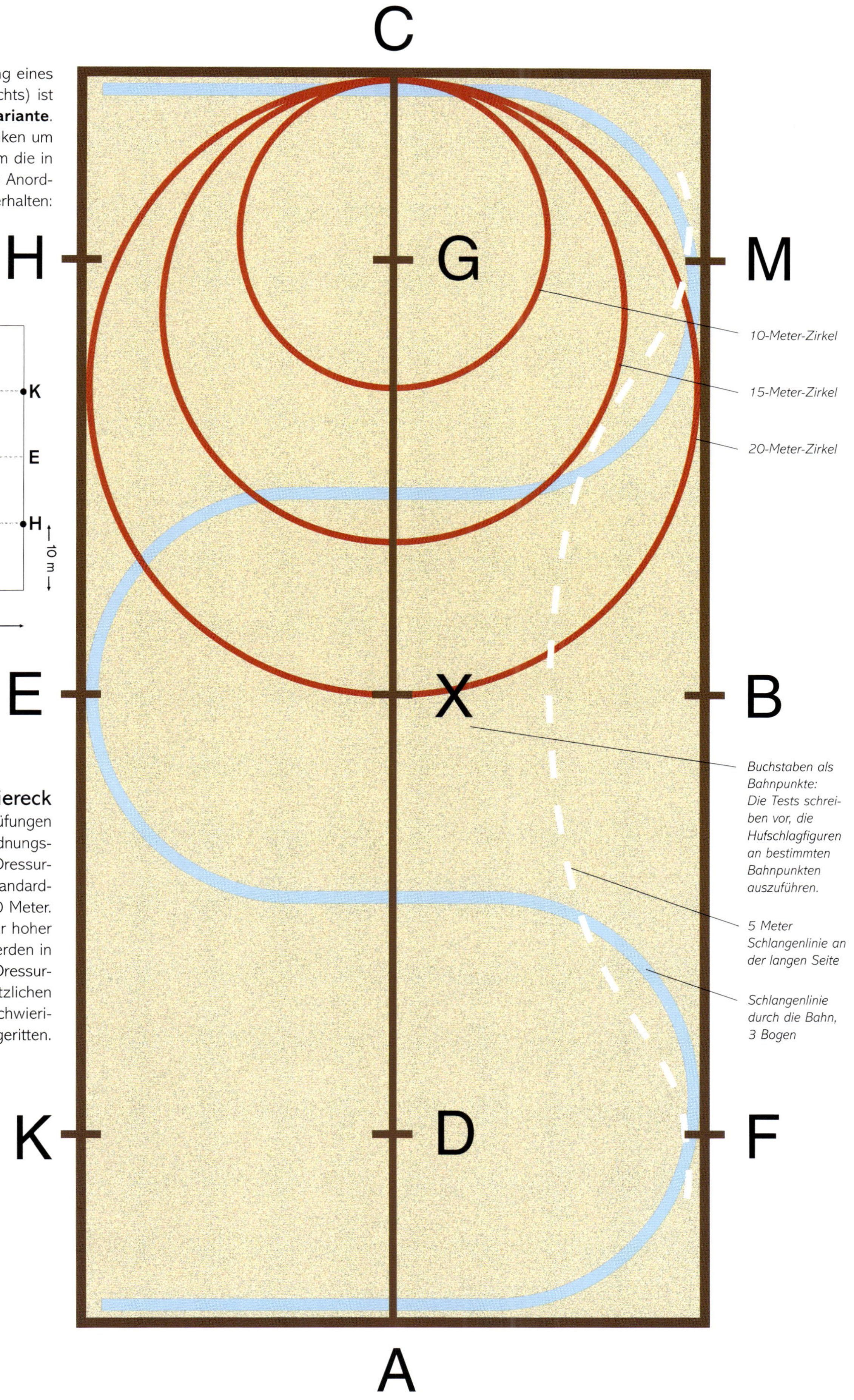

Dressurviereck

Die Dressurprüfungen finden auf einem ordnungsgemäß markierten Dressurviereck statt. Die Standardgröße beträgt 20×40 Meter. Prüfungen sehr hoher Leistungsklassen werden in einem längeren Dressurviereck mit zusätzlichen Bahnpunkten und schwierigeren Lektionen geritten.

Spielerisch Dressur reiten

Hier einige Tipps, wie du dein Pferd lehrst, aufmerksam und gehorsam zu sein. Das Ziel: Dein Pony soll zügig und ruhig auf die reiterlichen Hilfen reagieren. Anweisungen gibst du mit dem Gewicht, den Schenkeln, Zügeln und der Stimme. Korrekte Hilfen ermöglichen es dem Pferd, auch unter dem Reiter seine Balance zu finden und gleichmäßig im Takt zu laufen. Je sicherer du im Sattel sitzt, desto einfacher wird es für dich, eindeutige Schenkel- und die Zügelhilfen zu geben.

Zügelführung

1

2

Stelle eine stete, weiche Verbindung zwischen Reiterhand und Pferdemaul her: Bitte jemanden, den Zügel vor- und zurückzubewegen, um die Nickbewegung des Pferdes im Schritt zu imitieren. Arme locker lassen! Streiche der Bewegung folgend mit den Händen über den Hals, ohne dass die Zügel schlackern.

Gehorche meinen Beinen!

Fordere das Pony mithilfe deiner Stimme und einem kurzen, kräftigen Schenkeldruck auf loszulaufen. Reagiert es nicht, wiederhole das; gleichzeitig tippst du es hinter deinem Schenkel mit der Gerte an.

Halsriemen

1

Je mehr du an den Zügeln zerrst, desto mehr wird dein Pferd sich wehren. Damit das nicht zur Gewohnheit wird, gib die Hilfe für den Übergang vom Trab in den Schritt oder zum Halten anstatt mit den Zügeln zunächst mit einem Halsriemen. (Funktioniere einen Steigbügelriemen in einen Halsriemen um.)

2

Geh im Schritt, mit den Zügeln in einer Hand. Mit der anderen umfasst du den Halsriemen. Während du mit der »Zügelhand« die Zügelverbindung beibehältst, forderst du das Pony mithilfe von Gewicht, Schenkeln und Stimme zum Halten auf.

3

Sollte dein Pony weiterlaufen, gibt ihm erneut die korrekten Gewichts-, Schenkel- und Stimmhilfen. Gleichzeitig ziehst du so lange am Halsriemen, bis es stehen bleibt. Sobald es stoppt, gib nach.

Takt und Gleichgewicht

1

Blick nach vorne

Deine nächste Aktion solltest du immer im Voraus planen: Schau rechtzeitig, wo der Bahnpunkt für die nächste Hufschlagfigur ist, und richte deinen Blick darauf. So bist du bestens vorbereitet.

2

Bei allem, was du übst, sollte dein Pony taktrein und ausbalanciert laufen. Reitest du im Trab auf dem Zirkel über vier Stangen, achte darauf, dass die Anzahl der Schritte von einer Stange zur nächsten Stange gleich bleibt. Und sieh zu, dass du die Stangen immer an der gleichen Stelle überspringst.

Schöne Beine

Schenkelhilfen kann man richtig oder falsch geben. Damit sich keine Fehler einschleifen, die du nachher mühsam ausbügeln musst, solltest du gleich von Anfang an lernen, es richtig zu machen. Entspanne deine Knie. Drücke mit der Rückseite deiner Unterschenkel gegen den Pferdebauch. Die Unterschenkel liegen dabei hinter dem Gurt. Du darfst die Beine nicht einfach nach hinten ziehen. Drücke nach innen, dann verstehst du auch, warum viele Reiter O-Beine haben. Aber so ist es richtig.

richtig

falsch

Bleibe konsequent!

Achte darauf, dass dein Pony das, was du von ihm verlangst, korrekt ausführt. Es muss spüren, dass du erst nachgibst, wenn es zuhört. Denk dran: Dir stehen mehrere Hilfen zur Verfügung: Gewicht, Schenkel, Zügel, deine Stimme, ein Halsriemen, eine Gerte … Bitte deine/n Reitlehrer/in, dir zuzusehen. Bleibe immer fair und gib deinem Pony klare Anweisungen. Und vergiss das Loben nicht!

5

Spaß am Springen

Springen lernen kann riesig Freude machen, wenn Pferd und Reiter einander völlig vertrauen und sich aufeinander verlassen können. Gehe das Springen deshalb langsam an, Schritt für Schritt. Beginne mit kleinen Sprüngen. Dann könnt ihr beide, dein Pony und du, in Ruhe das nötige Selbstvertrauen aufbauen. Mit der Zeit werdet ihr ein unschlagbares Team.

Bereit zum Absprung

Das Springen sollte nicht nur dir Spaß machen. Vergiss nicht: Wer springt, ist dein Pferd! Du musst es im Takt, also in gleichmäßigem Grundtempo, halten und dafür sorgen, dass ihr im Gleichgewicht bleibt und in die richtige Richtung reitet. Mach also deinen Job, ohne dein Pony zu stören, dann wird es auch springen. Und wenn du das Anreiten beherrschst, dann ist Springen gar nicht so schwer.

Stangen auf dem Zirkel
Eine gute Übung, dein Pony in der Balance zu halten: Reite im Trab auf dem Zirkel über eine Stange. Versuche die Stange jedes Mal in der Mitte zu überspringen. Und bleibe im Takt (siehe Seite 65).

Schräg übers Hindernis
Turnierteilnehmer müssen manchmal schräg über ein Hindernis springen. Übe es, indem du zwei Stangen auf den Boden legst und im Trab oder Galopp schräg darüber reitest. Markiere die Stellen, an denen du die Stangen überqueren möchtest, dann hast du einen Anhaltspunkt.

Kräftige Beine

Kraft in den Beinen hilft dir, die Balance zu halten. Lerne dein Gewicht zu den Füßen hin zu verlagern und die Beine ruhig zu halten. Trabe zur Übung: Stehe dabei in den Steigbügeln. Die Knie- und Fußgelenke federn die Bewegung des Ponys ab.

Der richtige Sitz

Je ruhiger und sicherer du im Sattel sitzt, desto besser kann sich dein Pony ausbalancieren – und du auch. Die Schultern kommen ein wenig nach vorne, die Hände streichen über den Hals und folgen den Bewegungen des Pferdekopfes. Der Pferderücken wird entlastet, das Reitergewicht hin zu den Füßen verlagert. Die Unterschenkel liegen am Bauch des Ponys. Hebe deinen Kopf, richte den Blick nach vorne. Sieh weder direkt auf den Sprung noch auf den Boden. Manche Reiter beugen sich nach vorne, als müssten sie springen. Armes Pony! Genau in dem Moment, in dem es zum Sprung ansetzt, wirft sich sein Reiter auf den Hals, drückt es mit seinem Gewicht nach unten und bringt es aus dem Gleichgewicht.

richtig

falsch

Merke dir:
Beim Springen bleiben die Unterschenkel dicht am Pferd und der Po nahe am Sattel!

Lass dein Pony springen!
Hier kannst du beobachten, wie ungemütlich und wackelig es aussieht, wenn der Reiter sich beim Springen zu weit aus dem Sattel hebt. Nur eine Kleinigkeit, und dieser Reiter fällt, obwohl das Pferd sehr schön springt.

Auf dem Zirkel über Stangen

Wenn du auf dem Zirkel reitest, richte deine Konzentration auf Balance und Takt. Mit dem inneren Zügel forderst du das Pferd auf, den Blick ein wenig nach innen zu wenden. Das hilft ihm, auf der Zirkellinie zu bleiben. Du kannst dein Pferd unterstützen, indem dein Körper in die Richtung weist, in die du reiten willst. Reitest du einen Zirkel auf der rechten Hand, wendet sich dein Körper leicht nach rechts. Reitest du auf der linken Hand, wendest du deinen Körper leicht nach links. Ziele immer auf die Mitte der Stangen. Wenn es im Trab gut klappt, versuche es im Galopp.

Innen und außen

Im Reitunterricht gelten statt rechts und links oft die Begriffe »innen« und »außen«: die innere Hand, der innere Zügel usw. Der »innere Schenkel« weist also nach innen in die Reitbahn: Reitest du links herum auf dem Zirkel, ist der innere Schenkel der linke und der äußere der rechte.

Übungen auf dem Zirkel

Los gehts! Ersetzt die Stangen durch niedrige Sprünge, so genannte Cavalettis oder Bodenricks. Bitte jemanden, sich in die Mitte des Zirkels zu stellen. Galoppiere in gleichmäßigem Grundtempo auf dem Zirkel. Konzentriere dich auf den Takt und das Gleichgewicht. Näherst du dich nun dem Sprung, mach genauso weiter, aber sieh hinüber in die Zirkelmitte.

Wenn du deinen Helfer in der Zirkelmitte ansiehst, anstatt auf den Sprung zu achten, fällt es dir leichter, dein Pony beim Sprung nicht zu stören. Reite im selben Rhythmus weiter, achte auf das Gleichgewicht. Ehe du es recht merkst, habt ihr das Hindernis schon übersprungen.

Mogeln verboten!

Damit du nicht versehentlich zum Sprung hinüberschielst, bitte jemanden, dir mit den Fingern eine beliebige Zahl anzuzeigen. Wenn du auf den Sprung zureitest, musst du die Finger anvisieren und laut sagen, wie viele es sind. Sobald du dich daran gewöhnt hast, ausschließlich auf die Balance und den Takt zu achten, kannst du das Springen ohne diesen »Fingertrick« versuchen. Richte den Blick nicht direkt auf den Sprung, sondern auf einen Punkt dahinter.

Schräge Sprünge

Schräge Sprünge eignen sich nur für sehr geübte Reiter und Pferde!

Wenn du es gut schaffst, im Galopp schräg über Stangen zu reiten, kannst du es mit kleinen Sprüngen versuchen.

Welche Linie willst du reiten? Hebe den Kopf, richte den Blick auf einen fernen Punkt, der in der angestrebten Richtung liegt.

Halte dein Pony nach dem ersten Sprung durch Schenkel- und Zügelhilfen auf der von dir angepeilten Geraden.

Reite nach dem letzten Hindernis ein Stück schräg weiter, damit dein Pony lernt, die Richtung einzuhalten, die du ihm vorgibst.

Sprungphasen

Galoppsprünge verkürzen

Ihr beherrscht es, in gleichmäßigem Rhythmus auf dem Zirkel im Galopp über ein Hindernis zu springen? Nächste Stufe: Nimm die Zügel an, wenn du die Galoppsprünge verkürzen willst. Willst du sie verlängern, gib nach; dein Pony streckt sich dann. Nutzt zum Ausprobieren den »Fingertrick« (Seite 71). Bei verkürzten Galoppsprüngen erfolgt der Absprung normalerweise näher am Hindernis.

Beim **Absprung** neigt sich der Oberkörper leicht nach vorne, die Hände folgen der Bewegung des Ponys. Der Po bleibt nah am Sattel! Halte über die Zügel eine weiche Verbindung zum Pferdemaul. Die Reiterin (links) hebt sich zu weit aus dem Sattel.

Galoppsprünge verlängern

Verlängerst du die Galoppsprünge, wird dein Pony eher etwas weiter entfernt vom Hindernis abspringen. Die Reiterinnen auf den Fotos hier und rechts oben heben sich zu weit aus dem Sattel – ein häufiger Fehler! Entspanne dich! Versuche nicht zu erraten, was dein Pony macht.

Streckphase: Versuche mit deinem Gewicht über dem Schwerpunkt des Pferdes zu bleiben – nicht davor, nicht dahinter. Kopf hoch! Blick nach vorne, nicht auf den Boden! Der Po berührt den Sattel, der Rücken des Pferdes ist entlastet, das Reitergewicht zu den Füßen verlagert.

Landung: Sobald die Hufe den Boden berühren, soll dein Oberkörper wieder gerade sein. So bleibt dein Gewicht über dem Schwerpunkt des Pferdes und du sitzt korrekt, wenn dein Pony auf den nächsten Sprung zugaloppiert. Denk an den weichen, federnden Zügelkontakt. Viele Reiter versäumen es, beim Absprung und bei der Landung mit ihren Händen in Richtung Pferdemaul zu gehen: Das arme Pferd spürt jedes Mal einen schmerzhaften Ruck im Maul.

Es ist noch kein Meister vom Himmel gefallen

Wer gut springen will, muss viel Zeit und Mühe investieren. Hab also Geduld. Trainiere die Grundlagen, bis du beim Springen sicher und gut ausbalanciert im Sattel sitzt. Und trainiere die Übungen auf dem Zirkel, bis du den Takt wie von selbst halten und dabei entspannt reiten kannst.

Springreihen

Springreihen – das sind Folgen von zwei oder mehreren relativ niedrigen Hindernissen, die in passenden Abständen hintereinander aufgebaut werden. Ein gutes Training für dein Pferd! Sie fördern sein Springvermögen und die Kondition. Du schulst dabei deinen Gleichgewichtssinn und deine Reaktionsschnelligkeit. Du entwickelst ein besseres Gefühl für den Rhythmus und die Sprunglänge deines Pferdes und lernst einzuschätzen, wann du korrigieren musst.

Eins, zwei – und hopp!
Trainiere das Springvermögen deines Ponys, indem du es über Springreihen reitest.

Der Parcours

Zum Aufbauen einer Springreihe brauchst du Hilfe. Wichtig ist, dass die Abstände zwischen den einzelnen Hindernissen genau stimmen. Sind die Abstände zwischen den Hindernissen zu groß oder zu klein, packt euch beide, dich und dein Pferd, schnell der Frust.

Verlängerung des Galoppsprungs

Um das Verlängern und Verkürzen der Galoppsprünge zu üben, kannst du die Abstände zwischen den Hindernissen variieren. Das Pferd auf diesem Foto macht zwischen den beiden Hindernissen einen großen Sprung. Deshalb muss es schon relativ weit vor dem zweiten Hindernis wieder abspringen.

Verkürzung des Galoppsprungs

Hier stehen die beiden Sprünge etwa einen halben Meter näher beieinander. Das Pony muss die Galoppsprünge verkürzen und näher am zweiten Hindernis abspringen.

Schön kurz
Diese Reihe besteht aus zwei Weitsprüngen mit einem Galoppsprung dazwischen. Rückst du die inneren Pfosten der Hindernisse etwas mehr zueinander, verkleinerst du den Abstand zwischen den Sprüngen und zwingst dein Pferd, die Galoppsprünge zu verkürzen.

Und jetzt springe!

Springen macht dir und deinem Pony so richtig Spaß? Prima! Springturniere gibt es mehr als genug. Sie werden in Leistungsklassen eingeteilt, abhängig vom Alter der Ponys und den Erfolgen, die sie auf früheren Turnieren erzielt haben. Man fängt klein an und wenn ihr beide, du und dein Pony, gut genug seid, könnt ihr euch bis zu den bekannten schwierigen Turnieren hocharbeiten. Meistens folgt auf einen ersten Durchgang das so genannte Stechen. Daran nehmen alle Reiter und Pferde teil, die den Parcours fehlerfrei absolviert haben. Die Stangen werden dabei noch ein Stück höher gelegt, und wer den Parcours am schnellsten und ohne Fehler zurücklegt, ist Sieger.

Lerne von anderen

Beobachte, wie andere Turnierteilnehmer den Parcours meistern. Als Reiter musst du entscheiden, ob ihr die Strecke zwischen zwei Hindernissen in wenigen langen Galoppsprüngen zurücklegt oder lieber in mehreren kurzen.

Stecke deine Ziele hoch!
Sobald du mit deinem Pony beim Springen erfolgreich bist, könnt ihr an großen, bekannten Turnieren teilnehmen. Es gibt sowohl nationale als auch internationale Springturniere für Junioren. Also, strengt euch an!

Sieh her!

Wir haben gelernt: Beim Reiten heben wir den Kopf und richten den Blick in die Richtung, in die wir reiten wollen. Bei Springturnieren müssen die Pferde sehr schnell sowohl die Richtung als auch die Gangart wechseln. Das ist nötig, um den Parcours in der vorgeschriebenen Zeit zu absolvieren. Der Reiter muss deshalb immer ein Stück vorausdenken und sich nach dem nächsten Hindernis umsehen. Die Reiterin auf dem Foto orientiert sich gerade, wohin sie jetzt reiten muss.

Ausschreiten und kopfrechnen

Schreite die Entfernung zwischen zwei Hindernissen ab. Berechne, wie viele Galoppsprünge dein Pony dafür braucht. Bei Ponys beträgt die Länge eines Galoppsprunges durchschnittlich drei Meter.

Loslassen!

Wenn du fällst, lass die Zügel los und rolle dich zusammen! Hältst du die Zügel fest (wie diese Reiterin), ziehst du dein Pony zu dir und es könnte unabsichtlich auf dich treten. Lässt du die Zügel beim Sturz nicht los, kann dein Pferd nicht ausweichen und verletzt dich vielleicht.

Schnelle Wendung

Im Stechen entscheiden Sekunden über Sieg oder Niederlage. Trainiere so zu landen, dass ihr sofort in eine andere Richtung weiterreiten könnt. Noch in der Streckphase beginnst du deinen Körper und den Kopf deines Ponys in die entsprechende Richtung zu wenden.

Do it yourself!

Die wenigsten von uns haben das Glück, Hindernisse für einen kompletten Springparcours zu besitzen. Aber mit ein, zwei Hindernisständern, ein paar Tonnen und ein wenig Fantasie lässt sich problemlos ein kleiner Parcours aufbauen. Bittet einen Hobby-Handwerker um Hilfe. Er soll die Materialien auf Verletzungsgefahren hin prüfen, für den Fall, dass sich eure Ponys daran stoßen.

Selbst gebaut
Es macht Spaß, einen eigenen Parcours zu bauen. Achtet dabei auf Sicherheit und korrekte Abstände zwischen den Sprüngen.

Euer Privat-Parcours

Voraussetzung für einen Parcours ist eine Reitbahn oder ein Rasenplatz. Wollt ihr auf der Koppel einen Springparcours aufbauen, müsst ihr erst nach Löchern, Wurzeln und Dingen suchen, an denen sich eure Ponys verletzen könnten. Sobald ihr die Hindernisse aufgebaut habt, legt verschiedene Routen durch den Parcours an. Diese Zeichnung hält zwei Routen fest. Falls euch nur wenige Stangen und Hindernisständer zur Verfügung stehen, baut nur die beiden schrägen Sprünge und den Fächersprung auf.

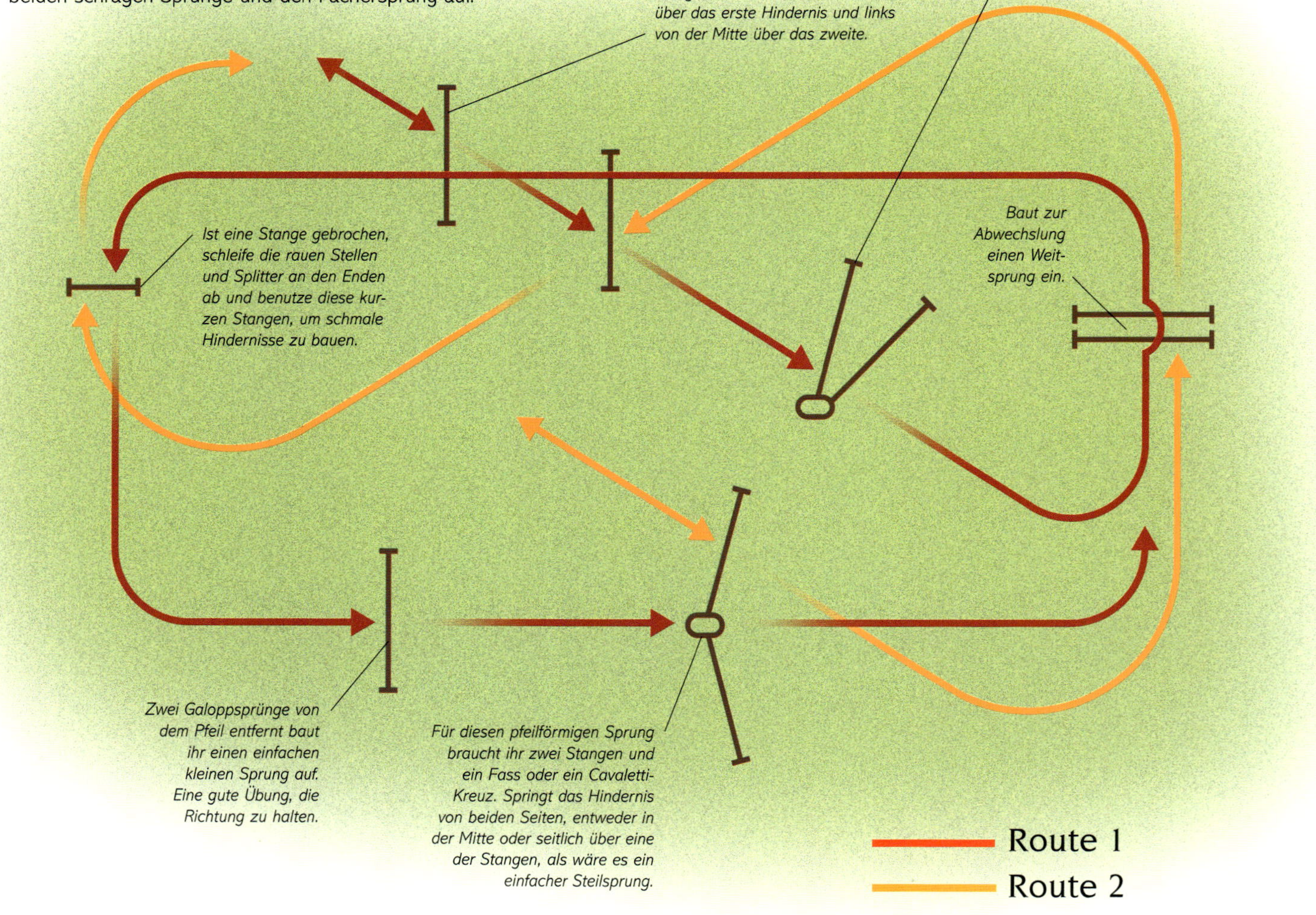

Schließt euch zusammen!

Stangen, Hindernisständer und -kreuze sind teuer, vor allem wenn du sie neu, nicht secondhand kaufst. Es lohnt sich jedoch, das Geld dafür auszugeben. Wenn du öfter an Turnieren teilnehmen möchtest, musst du üben. Deshalb schließe dich mit Freunden zusammen. Kauft die Geräte gemeinsam und bewahrt sie an einem zentralen Ort auf, sodass jeder von euch sie nutzen kann.

Frisch gestrichen

Du kannst naturbelassene Stangen kaufen (also Stangen, die nicht gestrichen sind) oder gebrauchte, die schon etwas abgenutzt, aber billiger sind. Kaufe ein paar Eimer Farbe, vielleicht habt ihr zu Hause sogar noch Farbreste. Dann schnappe dir einen Pinsel und male die Stangen farbig an.

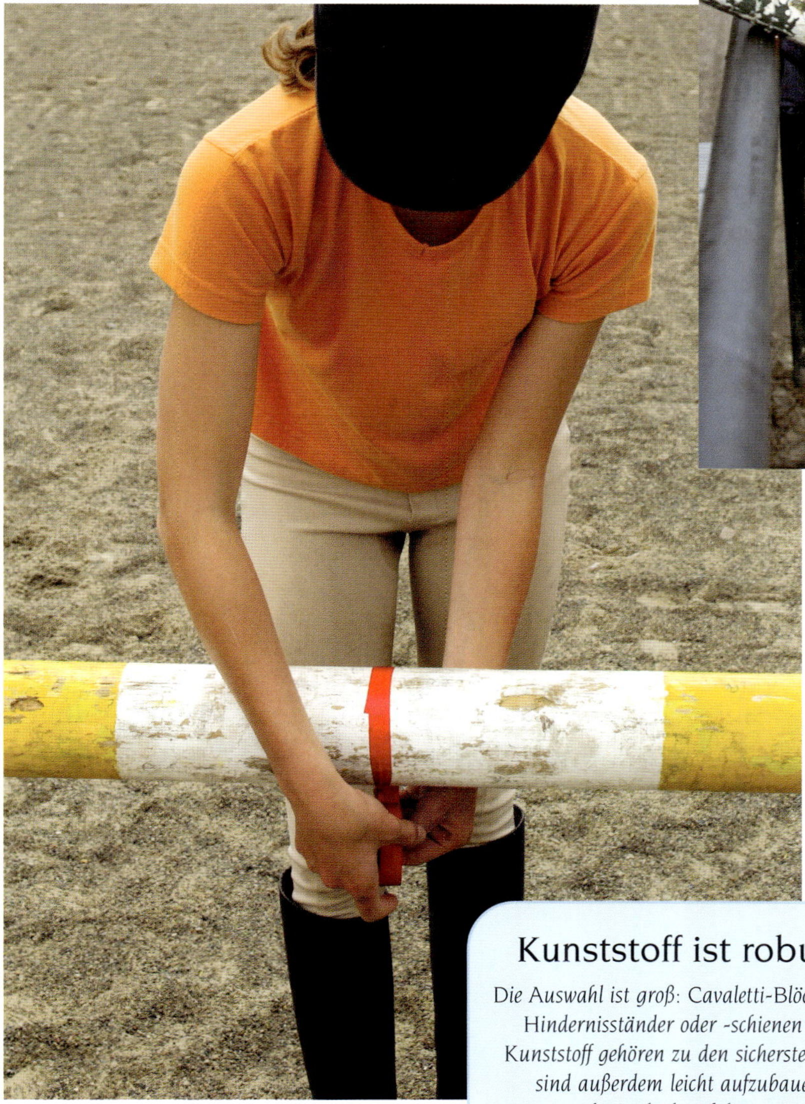

Zielgenau

Markiere die Mitte der Stangen mit Klebeband. Du kannst dich beim Springen daran orientieren. Auch bei schrägen Sprüngen kannst du mit Klebeband arbeiten, um den Winkel zu markieren, in dem du über die Hindernisse springen willst (siehe Seite 71).

Kunststoff ist robust

Die Auswahl ist groß: Cavaletti-Blöcke und Hindernisständer oder -schienen aus Kunststoff gehören zu den sichersten und sind außerdem leicht aufzubauen. Der Cavaletti-Block auf diesem Foto hat etwa die Form eines Flügels und weist eine Schräge auf. Die Stangen liegen darin sehr sicher. Hindernisständer aus Kunststoff sind haltbarer als solche aus Holz. Sie widerstehen jeder Witterung, Nässe und Sonne. Deshalb sind sie auch pflegeleichter und außerdem nicht so schwer. So kannst du sie ohne große Mühe von einem Ende der Reitbahn zum anderen tragen.

Allez hopp!

Du hast viel geübt: korrekter Sitz, Anreiten der Hindernisse, wie man Richtung und Gleichgewicht hält? Prima! Versuche mit dem Po nahe am Sattel zu bleiben, ohne schwer einzusitzen. Das Gewicht wird in Richtung Füße verlagert. Kopf hoch und Blick nach vorne!

Springspiele

Es gibt verschiedene Möglichkeiten, das Springen zu trainieren: Entweder du baust Springreihen und deinen eigenen Parcours auf oder du veranstaltest Springspiele gemeinsam mit Freunden. Das macht Spaß! Der Trainingseffekt ist jedenfalls groß, ohne dass ihr, du und dein Pony, unter Leistungsdruck geratet. Das Ganze ist ein Spiel, nehmt es also nicht zu ernst. Es ist nicht wichtig, wer gewinnt. Hauptsache, ihr habt euren Spaß dabei.

Schmale Hindernisse

Springst du über schmale Hindernisse, z. B. über ein einzelnes Cavaletti-Kreuz, ist Präzision gefragt. Mach deinem Pony klar, dass es über dieses schmale Ding springen soll, das du angepeilt hast. Halte Zügelkontakt und konzentriere dich darauf, dass Kopf, Hals und Körper deines Ponys gerade gerichtet sind. Auch dein Rücken soll gerade sein, dein Kopf hoch erhoben. Reite in gleichmäßigem Tempo, aber nicht zu schnell auf die Mitte des Hindernisses zu.

Fang mich doch!

An diesem Spiel sollten mehrere Reiter teilnehmen. Baut ein kleines Hindernis auf. Springt einer nach dem anderen darüber. Nach der ersten Runde legt ihr die Stange höher. Wieder versucht jeder das Hindernis zu überwinden. Fällt die Stange bei jemandem herunter, scheidet er aus. Wer am Schluss übrig bleibt, ist Sieger. Vielleicht findet ihr einen Helfer, der die Stangen wieder auflegt; das macht es einfacher.

Präzision

Übe vor dem Minus-1-Spiel! Lege ein Cavaletti-Kreuz auf den Boden. Zwei Stangen, die schräg davon wegführen (siehe Foto), lenken dein Pony in die richtige Richtung. Sobald es versteht, dass es über das Kreuz springen soll, kannst du es ohne Stangen versuchen.

Das Minus-1-Spiel

Das Spiel funktioniert nach dem gleichen Ausscheidungsprinzip wie »Fang mich doch«. Stellt mehrere Cavaletti-Kreuze nebeneinander auf den Boden. Springt nacheinander darüber.

Sind alle einmal gesprungen, entfernt ihr eines der Kreuze. Der Sprung wird schmaler. Jetzt geht es in die zweite Runde. Springt ein Pony an den Kreuzen vorbei oder stößt es sie um, scheidet der Reiter aus.

Nach jeder Runde entfernt ihr ein weiteres Kreuz. Wenn ihr gut seid, bleibt am Ende nur eines übrig. (Ihr könnt das Springen schmaler Hindernisse vor dem Spielen mit Stangen an den Seiten üben.)

6

Der große Tag

Sonnenschein – und du bist mit deinem Pony unterwegs auf einer Schau oder einem Wettkampf … Was könnte schöner sein? Für jeden Geschmack ist etwas dabei: Shows, Leistungsschauen und Reiterspiele, Turniere verschiedener Leistungsklassen, ob Spring-, Dressur- oder Vielseitigkeitsprüfungen. Manchmal erscheinen die Teilnehmer sogar kostümiert.

Gewusst wohin …

• Bei Turnieren der verschiedenen Reitsportdisziplinen zählen das Alter der Teilnehmer sowie die bisherigen Erfolge von Pferd und Reiter. • Leistungsschauen und -prüfungen finden getrennt nach Rasse, Alter oder Rassengruppe statt: Schauen für Robustpferderassen, Sportponyrassen oder für Vollblutaraber, für Stuten oder Hengste … Bei Leistungsschauen werden die Pferde an der Hand geführt; bei Leistungsprüfungen werden sie dagegen unterm Sattel, also mit Reiter beurteilt.

Um Rat gefragt

Man braucht viel Erfahrung, um beurteilen zu können, welcher Wettkampf oder welche Leistungsschau die richtige für ein Pony ist. Frage jemanden, der sich auskennt: eine Person, die oft an Veranstaltungen teilnimmt, oder einen Richter.

Führzügelklassen

Dieses englische Pony muss beweisen, dass es sich für kleine Reiter eignet, die noch geführt werden. Auch in Deutschland gibt es Führzügelklassen im Turniersport: Nicht das Pferd bekommt die Noten, sondern der junge Reiter, der von einem Erwachsenen geführt wird.

An der Hand geführt
Hier wird das Pony nicht geritten, sondern an der Hand vorgeführt, sowohl im Schritt als auch im Trab. Der Richter beurteilt den Körperbau, das Aussehen und das Benehmen des Ponys.

In Reih und Glied
Die Ponys werden in den Gangarten Schritt, Trab und Galopp präsentiert. Der Richter hat Reiter und Ponys in der Reihenfolge ihrer Noten aufgestellt. Jetzt zeigen die Kinder noch eine Kür, also eine kleine, selbst erdachte Vorstellung. Danach entscheidet der Richter über die endgültige Platzierung.

Von der besten Seite

Um einen Preis zu gewinnen, müsst ihr beide, du und dein Pony, euch von der besten Seite zeigen. Befindest du dich in der Nähe anderer Teilnehmer, achte darauf, dass du genügend Raum zwischen deinem Pony und den anderen lässt. So können dich die Richter auch besser sehen. Rücken dir die anderen auf die Pelle, dann reite ein Stück zur Seite, dreh eine kleine Runde und reihe dich wieder ein, sobald etwas mehr Platz ist.

Unterm Sattel
Dieses Pony wird danach beurteilt, ob es sich für Kinder eignet, die gerade anfangen zu reiten. Sehr wichtig ist, dass es ruhig ist, gut mitarbeitet und sich anständig benimmt.

Ganz schlicht

Entferne dich bei der Kür nicht zu weit vom Richtertisch. Du kannst auf kleinem Raum genauso gut zeigen, was du kannst.
Machs kurz und einfach, reite vor allem in der Gangart, die dein Pony am besten beherrscht!

Im Damensitz

Macht es dir Spaß, im Damensitz zu reiten? Finde heraus, ob es in deiner Nähe einen Verein fürs Reiten im Damensattel gibt. Manche Vereine veranstalten sogar Shows und Wettkämpfe. Wer im Damensitz reiten kann, fällt auf, denn es ist etwas Besonderes.

Mountain und Moorland Ponys

Zu diesen aus Großbritannien stammenden Ponys zählen Ponyrassen, die über Generationen in Moorlandschaften, in den Bergen oder unter ähnlich rauen Bedingungen lebten. Es gibt Schauen für einzelne Rassen und Schauen für Mountain und Moorland Ponys insgesamt. (In Deutschland gibt es ja auch Leistungsprüfungen ausschließlich für Norweger oder für Robustpferderassen insgesamt.) Mähne und Schweif der Moorland Ponys werden weder verzogen noch geflochten; der Kötenbehang wird nicht gestutzt.

Ganz schick

Du liebst Kostüme und Verkleidungen? Wenn ja: Es gibt spezielle Veranstaltungen, an denen du teilnehmen kannst.

Mach mal Pause!

Es ist heiß und du musst lange warten, weil die Teilnehmerzahl sehr hoch ist: Steig zwischendurch vom Pferd! Aber warte mit dem Aufsitzen nicht bis zur letzten Sekunde. Sitz lieber auf, wenn du noch ein, zwei Teilnehmer vor dir hast.

Hunter-Prüfungen …

… werden in England regelmäßig veranstaltet (engl. *to hunt* heißt *jagen*). Auch in Deutschland soll es sie in Zukunft geben. Die Pferde müssen dabei einen Parcours überwinden, der auch natürliche Hindernisse enthält.

Auf Reisen

Damit ihr euren »Ausflug« genießen könnt, solltest du alles im Voraus planen und organisieren. Es ist geschickter, schon am Tag vor der Abreise zu packen. Falls dir dann etwas einfällt, das du brauchst, kannst du es noch besorgen. Du solltest notfalls auch die Zeit haben, Ausrüstungsgegenstände, die du länger nicht mehr in den Händen hattest, zu putzen. Denk scharf nach: Was brauchst du, um den Tag zu genießen? Was braucht dein Pony? Nimm im Zweifelsfall lieber ein bisschen zu viel als zu wenig mit.

Alles eingepackt?
Bist du gut vorbereitet, geht es auch deinem Pony gut. Mach eine Liste der Dinge, die du mitnehmen musst – für dich und für dein Pony.

Decken
Im Hänger kann dein Pferd ganz schön ins Schwitzen kommen. Wenn es sehr warm ist, braucht es vielleicht gar keine Decke. Umgekehrt schützt eine leichte Baumwolldecke vor Staub und vor Sonnenstrahlen. Auf jeden Fall sollte die Decke atmungsaktiv sein.

Reiseutensilien

Wenn ihr oft auf Wettkämpfen und Schauen unterwegs seid, macht es Sinn, sich ein paar Dinge speziell für diese Gelegenheiten anzuschaffen, z. B. Putzzeug und eine Decke. Die Sachen sind dann immer sauber und ordentlich.

Kopfschutz

Manche Ponys haben die Angewohnheit, beim Transport mit dem Kopf zu schlagen, vor allem beim Verladen. Das Lederkissen auf dem Foto ist so geformt, dass es den Kopf des Ponys vor Verletzungen schützt.

Transportgamaschen

Reitsportgeschäfte bieten Transportgamaschen an. Wenn das Pferd während der Fahrt mal das Gleichgewicht verliert und gegen die Seite schlägt oder sich selbst tritt, ist es durch die Gamaschen vor Rissen, Schürfwunden und Schlägen geschützt. Falls du keine Transportgamaschen hast, bandagiere alle vier Beine deines Pferdes und lege ein Bandagierkissen unter.

• Mach dir eine Liste aller Dinge, an die du denken musst, bevor ihr auf Reisen geht. Bewahre die Liste an einem sicheren Ort auf, sodass du sie nicht lange suchen musst. Am Tag vor der Abreise gehst du die Liste durch und bereitest alles vor:

• Sattel, Trense, Stallhalfter, Führstrick, Gurt, Satteldecke, Gamaschen (zusätzlich zu den Transportgamaschen) fürs Springen und fürs Aufwärmtraining

• Wasserbehälter, Eimer, Schwämme, Handtücher, Schweißmesser

• Reitkleidung: Helm, Jackett, Hemd, Krawatte oder Fliege, Reithosen, Stiefel und Sporen (falls nötig), Handschuhe und Gerte. Und vergiss deine Schutzweste nicht!

• Den Zeitplan, die für den Wettkampf gültigen Anweisungen und das entsprechende Aufgabenheft. Gehst du auf ein lokales oder regionales Turnier, kann es sinnvoll sein, eine Liste mit wichtigen Telefonnummern, z. B. der deines Tierarztes und des Hufschmieds, mitzunehmen.

• Essen und Trinken für dich, deine Familie und deine Fans

• Ein Heunetz, Heu und Futter für dein Pony. Nimm ein, zwei zusätzliche Portionen mit, für den Fall, dass ihr mit dem Wagen liegen bleibt oder die Fahrt sich aus anderen Gründen verzögert!

• Decken, möglichst auch eine wasserfeste – wer weiß, was das Wetter macht …

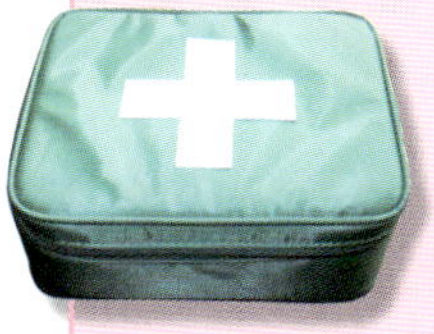

• Erste-Hilfe-Ausrüstung für Menschen und für Pferde

• Putzzeug und alles, was du zum Einflechten brauchst (falls sich die Zöpfe beim Transport auflösen), Sattelseife und Sattelpflege, Schwämme zum Polieren

• Last but not least: Vergiss dein Pferd nicht! Es soll schon vorgekommen sein, dass Leute beim Turnier eintrafen und alles dabeihatten – nur nicht ihr Pferd!

Entscheidende Stunden

Wichtig ist der Spaß, den dir die Teilnahme an Schauen oder Wettkämpfen verschafft. Gleichzeitig solltest du die Gelegenheit nutzen, um dabei zu lernen: Beobachte die anderen Teilnehmer! Und vergiss nicht: Der Tag ist besonders für dein Pony recht lang. Es braucht zwischendurch eine Pause, etwas zu fressen und vielleicht eine leichte Abkühlung. Komm lieber ein wenig zu früh als zu knapp zur Veranstaltung. Hektik tut niemandem gut.

Aufgabenblatt

Kennst du die Aufgaben, die dir gestellt werden, dann trainiere schon mal, einschließlich der Dressurlektionen. Lass Übungen aus, die deinem Pony sehr schwer fallen: Wenn ihr so kurz vor eurem Auftritt Fehler macht, werdet ihr nur nervös.

Zeit zum Ausruhen
Steig ab und gönne euch eine Pause. Ist es sehr heiß, suche für dein Pferd einen Platz im Schatten.

Hübsch in Tweed

Die kleine Reiterin trägt ein Jagdjackett aus Tweed. Dazu passt ein Hemd mit Krawatte oder Halsbinder.

Gedeckte Farben

Meist tragen Turnierteilnehmer schwarze oder blaue Jacketts. Das sieht schick und schon recht erwachsen aus. Dunkle Jacketts können auch auf Jagden getragen werden.

Richtig geführt

Bei manchen Prüfungen musst du dein Pony absatteln und es sowohl im Trab als auch im Schritt vorführen. Hole die Zügel über den Kopf nach vorne und versuche beim Laufen auf Schulterhöhe zu bleiben. Du gehst beim Führen immer rechts vom Pony. Am besten trainierst du das zu Hause. Es ist entscheidend, dass sich dein Pferd problemlos von dir führen lässt. In der rechten Hand hältst du eine Gerte: Möchtest du, dass dein Pony antrabt, tippst du es leicht mit der Gerte an. Gleichzeitig forderst du es mit der Stimme auf, in den Trab zu gehen. So lernt es, auf deine Stimme zu reagieren.

Das passende Outfit

Auf den einzelnen Wettkämpfen und Schauen herrschen unterschiedliche »Kleiderordnungen«, sowohl für Reiter und Reiterinnen als auch für Ponys. Wenn du nicht weißt, was erwartet wird, frage einfach nach, entweder bei anderen Teilnehmern oder beim Veranstaltungsbüro. Beachte unbedingt alle Details. Es macht ja auch Spaß, sich und sein Pony herauszuputzen.

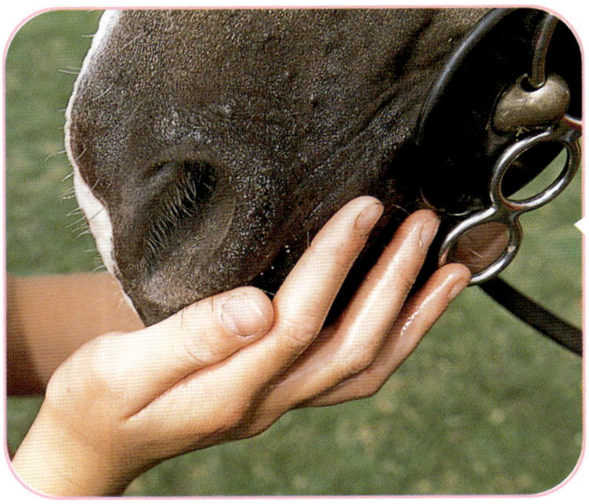

Babyöl
Wenn du die zarten Hautpartien um die Nase und die Augen deines Ponys mit ein wenig Babyöl einreibst, werden sie geschmeidig und glänzen wunderschön.

Manche reiten ihre Ponys mit Kandare – das ist jedoch nur etwas für sehr gute und geübte Reiter.

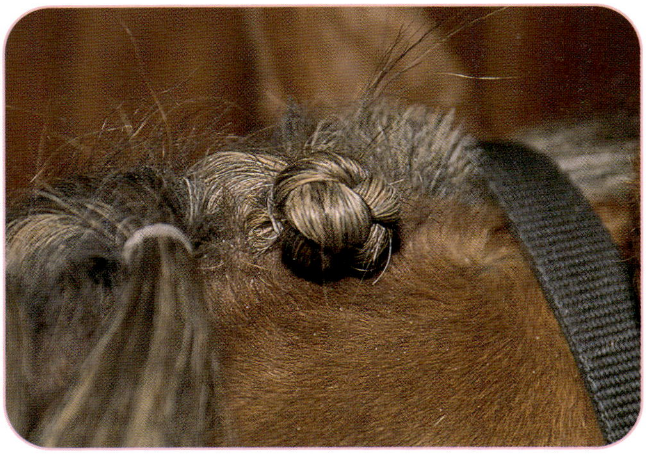

Einflechten der Mähne und des Schweifs
Bevor du Mähne und Schweif einflichtst, versichere dich, dass dein Pony nicht zu den Rassen gehört, die offenes und unverzogenes Mähnen- und Schweifhaar tragen sollen (siehe Seite 91). Auf den Seiten 30–37 wird erklärt, wie du das Langhaar behandeln kannst.

Hübsche Beinarbeit
Die Fesselhaare deines Pferdes schneidest du vorsichtig mithilfe von Kamm und Schere. Arbeite von oben nach unten. Kämme die Haare vom Pferdebein weg. Dann schneidest du die Haarspitzen, die durch die Zähne des Kamms reichen, ab. Die Schere zeigt beim Schneiden nach unten. Behandle die Haare mit ein wenig Hufbalsam, damit sie schön glänzen.

Tasthaare

In manchen europäischen Ländern und auch in Amerika werden die Tasthaare geschnitten. In Deutschland ist das verboten! Die Tasthaare gehören zum Tastsinn des Pferdes. Sie helfen ihm, den Abstand von Dingen zum Maul zu erkennen. Was sich direkt unter ihrem Maul befindet, können Pferde nämlich nicht sehen.

Denk auch an dich! Deine Reitkleidung muss sauber und ordentlich aussehen, die Stiefel sollen glänzen.

Weiße Zeichnungen an den Beinen werden gekalkt, die Hufe mit Hufpflege eingefettet.

Kürzen des Schweifs

Dein Pony braucht seinen Schweif, um lästige Fliegen zu verscheuchen. Du solltest ihm den Schweif deshalb nie zu stark kürzen. Eine gute Länge hat er, wenn er etwa 7,5 Zentimeter unterhalb der Sprunggelenke endet. In der Bewegung trägt dein Pony den Schweif gewöhnlich etwas höher. Beobachte dein Pferd in der Bewegung, damit du siehst, wie hoch es seinen Schweif trägt – das kannst du dann beim Kürzen berücksichtigen. Halte den Schweif vor dem Kürzen entsprechend hoch und entscheide dann, wie viel du abschneiden möchtest.

Schablonen

Dieses Schachbrettmuster wurde mit einer Schablone aufgebürstet. Auch ohne Schablone kannst du das Muster von Hand mit einem kleinen Kamm machen (siehe Seite 29). Ist dein Mähnenkamm zu groß, nimm einen einfachen Plastikkamm und brich ein Stück in der gewünschten Breite davon ab.

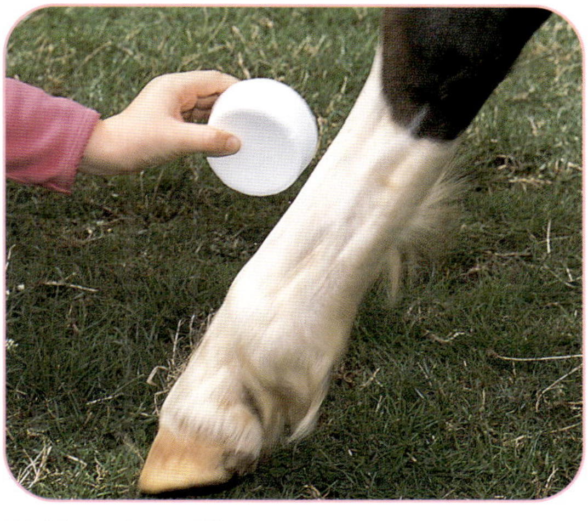

Weißer als weiß

Weiße Zeichnungen an den Beinen wäschst du am besten mit Wasser und Shampoo. Nach dem Trocknen reibst du sie mit Kalk ein. Im Gesicht darfst du das auf keinen Fall tun – dein Pony könnte Kalk in die Augen bekommen!

7

Abenteuer pur

Mit deinem Pony in der freien Natur – welch ein Riesenspaß! Auch viele Veranstaltungen finden im Freien statt: Distanzritte, Jagden oder Wanderritte, die euch in unbekanntes Gelände führen. Eine Herausforderung ist auch das Vielseitigkeitsreiten mit Wassergräben, Tiefsprüngen und vielen anderen Hindernissen. Ihr lernt dabei, sie zu meistern.

Auf Erkundungstour

»Ich wollte die Gegend schon lange kennen lernen.« Ist das nicht eine prima Entschuldigung, sich mit seinem Pony auf und davon zu machen?! Deinem Pony gefällt es sicher, wenn es etwas anderes zu sehen bekommt und neue Eindrücke sammeln kann. Wem nicht viel an Wettkämpfen liegt, der kann Wanderritte unternehmen oder auch an geführten Trekking-Touren teilnehmen. Und wer gerne auf Turniere geht, dem stehen Vielseitigkeitsprüfungen oder Distanzritte offen. Probiere aus, was dir am meisten Freude macht.

Fit genug?

Wenn du mit deinem Pony an Distanzritten teilnehmen möchtest, müsst ihr beide fit sein. Trainiere: Unternehmt zunächst längere Ausritte als gewöhnlich, um eure Kondition aufzubauen. Und dann nehmt an Distanzritten teil, bei denen es noch nicht um Preise geht.

Oben drüber – oder lieber unten durch?
Im Gelände erwartet euch jede Menge Hindernisse: Gatter oder Viehzäune, die ihr überwinden müsst – wie auf den Fotos oben.

Trekking-Touren

Pferde-Trekking ist auch ohne eigenes Pferd möglich. Viele Reithöfe bieten eintägige Ausritte, Sternritte oder mehrtägige Trails an. Jeden Tag gibt es Neues zu entdecken. Du kannst auch Reiterferien mit Unterricht buchen, um intensiv zu trainieren: Springen, Vielseitigkeit oder was immer dir gefällt.

Wohltätigkeitsritte

In England werden »Wohltätigkeitsritte« veranstaltet. Das Ziel: Alle haben Spaß und tun etwas für eine gute Sache. Der Ritt führt über eine Geländestrecke, die auch Sprünge bietet. Wer teilnehmen will, muss einen bestimmten Spendenbetrag sammeln oder eine Gebühr bezahlen. Auf solchen Ritten kann man ins Wanderreiten »hineinschnuppern« und man trifft jede Menge Pferdefreunde.

Reiterferien
Ihr habt zwei Möglichkeiten: Ihr verreist mit eurem Pony und verbringt eure Ferien gemeinsam. Oder ihr gönnt eurem Pferd Urlaub daheim und reitet auf den Pferden des Reithofs.

Querfeldein

Unterwegs in der Natur – wie aufregend! Ihr müsst vielleicht das Gatter eines Wildgeheges öffnen, einen Bach, Graben oder steiniges Gelände überqueren und mit allen Bodenverhältnissen klarkommen. Hunter-Trials wie in England gibt es bei uns nicht, aber Reiterspiele, Championate mit Geschicklichkeitsparcours oder Allround-Wettbewerbe im Gelände.

Bestens ausgerüstet
Querfeldein – das macht auch deinem Pony Spaß. Voraussetzung: Ihr beide habt die geeignete Ausrüstung.

Auf und zu
Ein Tor zu öffnen gehört zu den Aufgaben eines Hunter-Trials und könnte ebenso gut Bestandteil eines Geschicklichkeitsparcours sein. Vom Sattel aus funktioniert das nur, wenn dein Pony absolut ruhig steht. Öffnet sich das Tor in eure Richtung, muss dein Pony einige Schritte rückwärts gehen, damit du das Tor öffnen kannst. Wenn es sich von euch weg öffnet, kannst du es aufstoßen und durchreiten. Dann müsst ihr wenden und das Tor schließen.

Wohin des Weges?

Ob ihr an Distanzritten teilnehmt oder auf einem Wanderritt seid: Ihr braucht eine Karte. Ihr müsst wissen, wo ihr seid und wohin ihr wollt. Schaut euch die Karte genau an.

Strecken-Inspektion

Vor Vielseitigkeitsritten, Jagden oder Wettbewerben mit Geschicklichkeitsparcours schreite die Strecke möglichst zweimal ab. Sieh die Sprünge an: Wo könnte es schwierig werden? Beim zweiten Mal legst du die Route fest und überlegst dir, welche Möglichkeiten es gibt, die einzelnen Hindernisse zu überwinden.

Konditionstraining

Um an Distanzritten oder Vielseitigkeitswettbewerben teilnehmen zu können, müsst ihr beide topfit sein: Ihr müsst eure Kondition langsam aufbauen und bei jedem Ausritt ein wenig mehr galoppieren. Wählt Strecken, die länger und hügeliger sind, sodass sich dein Pony von Mal zu Mal mehr anstrengen muss. Steigere deine eigene Kondition durch zusätzliches Training ohne Pferd.

Schokoholic

Jagden sind anstrengend und sie können lange dauern. Vermutlich überfällt dich und dein Pony zwischendurch die Müdigkeit. Dir hilft dann ein Stück Schokolade – das sorgt für Extraenergie. Vergiss also nicht, eine Tafel in deine Jackentasche zu stecken. Die anderen Teilnehmer freuen sich übrigens, wenn du ihnen etwas anbietest.

Jagdsaison

Auf Jagden trainierst du den Umgang mit diversen Bodenverhältnissen, dein Gleichgewicht und die Reaktionsschnelligkeit. Die »echte« Fuchsjagd ist in Deutschland dem Tierschutz zuliebe verboten. Deshalb wird eine künstliche Wildspur (»Schleppe«) gelegt. Der Weg der Reiter steht also im Voraus fest. Er führt über natürliche und eigens für die Jagd eingerichtete Hindernisse.

Ein langer, langer Weg

Distanzreiten erfordert eine exzellente Kondition und viel Pferdesachverstand. Die Routen sind festgelegt und 40 bis 160 Kilometer lang. Zwischendurch werden die Pferde vom Tierarzt durchgecheckt. Sie sollen gesund und wohlbehalten ins Ziel kommen.

Vielseitigkeits-Ausrüstung

Beim Reiten sollst du grundsätzlich einen Reithelm aufsetzen. Wer Vielseitigkeit reiten möchte, braucht zusätzlichen Schutz: Da die Sprünge feststehend sind, könnte dein Pony stürzen oder sich die Beine verletzen, falls es gegen die Hindernisse stößt. Für dich selbst besteht die Gefahr, dass du gegen die Hürde fällst und dir wehtust. Um das Risiko zu verringern, solltet ihr beide gut »gepolstert« sein.

Ein gut sitzender Helm, der den neuesten Sicherheitsstandards entspricht, ist fürs Vielseitigkeitsreiten unerlässlich.

Gut geschützt

Eine Schutzweste bietet zwar keinen hundertprozentigen Schutz, aber das Risiko, sich am Oberkörper ernsthaft zu verletzen, wird deutlich reduziert. Sie sollte straff sitzen, dir allerdings genügend Bewegungsfreiheit lassen.

Eine Schutzweste mit Schulterklappen schützt im Fall eines Sturzes auch deine Schlüsselbeine.

Vorsorglich ersetzen

Nach einem schweren Sturz ist es ratsam, den Helm und die Schutzweste auszutauschen. Selbst wenn äußerlich keine Schäden festzustellen sind, könnte das Material schadhaft sein. Beim nächsten Sturz bist du dann nicht genug geschützt.

Lange Ärmel schützen deine Arme vor Kratzern und Rissen. Zieh dich jedoch nicht zu warm an. Wenn es warm ist, trägst du besser einen leichten Pulli unter der Schutzweste.

Mit Anti-Rutsch-Handschuhen hast du die Zügel fest in der Hand.

Sicherheit fürs Pony

Auch dein Pony braucht fürs Vielseitigkeitsreiten die richtige Ausrüstung: Gamaschen und Bandagen schützen seine Beine vor Verletzungen, falls es damit gegen das Hindernis stößt. Sollte es mit den Hinterbeinen gegen die Vorderbeine treten – was beim Springen und Galoppieren passieren kann –, geben Hufglocken Schutz. Ein Sicherheitsgurt sorgt dafür, dass der Sattel bleibt, wo er hingehört, und ein Martingal verhindert, dass dein Pony den Kopf hochwirft.

Der Sicherheitsgurt liegt über dem normalen Gurt und führt oben über den Sattel – eine Sicherheitsmaßnahme für den Fall, dass der normale Gurt oder die Gurtstrupfen reißen.

Manche Ponys kommen beim Vielseitigkeitsreiten ganz schön in Fahrt. Ein Martingal verhindert, dass dein Pony den Kopf zu sehr hochreißt. Vielleicht brauchst du ein schärferes Gebiss als gewöhnlich.

Wenn du die Verschlüsse der Gamaschen zusätzlich mit Klebeband fixierst, halten sie noch besser.

Hufglocken schützen Ballen und Hufe der Vorderbeine deines Ponys, falls es sich selbst tritt.

Schöne Haltung

Beim Vielseitigkeitsreiten darf der Po etwas aus dem Sattel kommen, die Steigbügel sind kürzer als gewöhnlich. So entlastest du den Rücken des Pferdes. Außerdem kannst du dein Gleichgewicht besser halten. Versuche zu sitzen wie das Mädchen auf dem Foto.

Nicht loslassen!

Beim Vielseitigkeitsreiten ist eine gute Zügelverbindung besonders wichtig – auch dann, wenn dein Pony mal ins Stolpern kommt. Die Verbindung darf nicht abreißen, weder beim Springen noch auf dem Weg von einem Hindernis zum nächsten. Durchhängende Zügel sind deinem Pferd keine Hilfe.

Übung macht den Meister

Bevor du dich an feste natürliche Hindernisse heranwagst, übe mit Stangen, Ständern und Cavaletti-Kreuzen. Damit kannst du Vielseitigkeitssprünge wie Ecken, Rein-und-raus-Sprünge oder schmale Sprünge wunderbar nachbauen. Die Ideen holst du dir am besten auf Turnieren. Sieh dir einige Vielseitigkeitsparcours an und überlege, welche Hindernisse sich zum Nachbauen eignen.

Filmstar

Bitte jemanden, dich beim Springen zu filmen (Videokamera). Du kannst auf den Aufnahmen kontrollieren, was du gut machst und woran du noch arbeiten solltest.

»Rein und raus«

Bei dieser Übung soll das Pony sofort nach der Landung wieder zum Absprung über das nächste Hindernis ansetzen. Bei Turnieren hoher Leistungsklassen müssen die Pferde unmittelbar hintereinander über zwei Hindernisse springen und im Wasser landen (»Wassereinsprung«).

Der Po bleibt im Sattel, die Beine liegen fest am Pferdekörper an, sodass du dein Pony direkt zum zweiten Sprung auffordern kannst.

Der Kopf ist oben, der Blick nach vorne, über das zweite Hindernis hinweg gerichtet. Du versuchst dein Gleichgewicht zu halten und im Rhythmus weiterzureiten.

Versetzte Zweierkombination

Hebe dich nicht zu weit aus dem Sattel. Dann fällst du weniger leicht, sollte dein Pony gegen das Hindernis stoßen.

Sobald die Beine deines Ponys nach dem ersten Sprung den Boden berühren, muss es sofort wieder zum Absprung ansetzen.

Typisch für Vielseitigkeitsprüfungen sind zwei Sprünge, die zwar parallel zueinander, aber seitlich versetzt stehen. Die Reiterin (Foto) muss das erste Hindernis rechts von der Mitte nehmen, das zweite links von der Mitte.

Nachdem das erste Hindernis überwunden ist, bleibt der Kopf erhoben. Der Blick ist schräg nach vorne gerichtet, nicht direkt aufs Hindernis. Konzentriere dich, damit das Pony nicht ausbricht und am Hindernis vorbeigeht.

Mit Schenkel- und Zügelhilfen hältst du das Pony auf der Geraden, sodass es den zweiten Sprung genau an der von dir gewünschten Stelle nimmt. Der Oberkörper ist aufrecht und neigt sich weder zur einen noch zur anderen Seite.

Nach der Landung hinter dem zweiten Sprung reitest du ein Stück geradeaus weiter. Der Kopf bleibt erhoben, der Blick nach vorne gerichtet. Dein Pony soll lernen, so lange in dieselbe Richtung zu laufen, bis von dir ein anderes Signal kommt.

Versetzte Kombination

Versetzte Kombinationen sind oft schwieriger, als sie aussehen. Sie verleiten die Pferde zum Ausbrechen. Beginnst du solche Sprünge zu üben, bitte jemanden, sich in angemessener Entfernung vor dem Sprung aufzustellen. Dein Helfer sollte in derselben Linie mit dem Punkt stehen, an dem du das Hindernis überspringen willst – ein Trick, um zu prüfen, ob du von der Geraden abweichst.

Nasse Füße

Nutze jede Gelegenheit im Gelände, reite durch Pfützen und springe über kleine Wassergräben, damit sich dein Pony an die Hindernisse gewöhnt. Mit der Zeit wird es ihm nichts mehr ausmachen, durchs Wasser zu laufen oder über Gräben zu springen.

Ecken

Winkelsprünge oder Ecken kommen oft bei Wettkämpfen vor. Mit Stangen und Cavaletti-Kreuzen, Tonnen oder umgedrehten Eimern kannst du dir auch zu Hause eine Ecke bauen.

Hilfestellung

Übst du mit deinem Pony etwas Neues, mache es ihm leicht. Je weniger es falsch machen kann, desto besser. Hier dienen Stangen als seitliche Begrenzung. Sie geben dem Pony den Weg vor. Schafft es die Übung, nimm die Stangen weg.

Auf und ab

Die Querfeldeinstrecken der Vielseitigkeitswettkämpfe verlaufen durch natürliches Gelände. Das bedeutet: hügelauf, hügelab, durch Senken und über Bodenwellen, je nachdem, was die Landschaft zu bieten hat. Du machst es deinem Pferd leichter, wenn du dich beim Bergauf-Galoppieren etwas aus dem Sattel hebst und den Oberkörper leicht nach vorne neigst. So entlastest du die Hinterhand.

Schmale Sprünge

Bei schmalen Sprüngen kommt es auf Präzision an. Nimm ein Cavaletti-Kreuz. Die seitlichen Stangen dienen der Orientierung. Sie lenken das Pony in die richtige Richtung. Springt ihr das Hindernis dann von der anderen Seite, wirst du feststellen, ob ihr die Richtung schon ohne seitliche Begrenzung halten könnt.

Angst vor Gräben

Viele Ponys und Reiter sind bange vor Gräben: Die Pferde fürchten das »schwarze Loch«. Die Reiter haben Angst, sie könnten hineinstürzen oder ihr Pony könnte sich verletzen, falls es unverhofft im Graben landet. Die Angst wird geringer, wenn Reiter und Pony erkennen, dass der Graben ein Sprung wie jeder andere ist. Mithilfe von Plastikfolien kannst du dein Pony an »schwarze Löcher« gewöhnen. Hat es den »Foliengraben« akzeptiert, baue ihn in verschiedene Sprünge ein: vor, hinter oder unter einem Rick oder als Bestandteil einer Hinderniskombination.

Gräben

Fang mit einem schmalen Graben an: Lege eine Plastikfolie auf den Boden und falte sie. Beschwere sie mit zwei Stangen. Sobald das Überspringen gut klappt, kannst du die Folie auffalten und den Graben verbreitern.

Dein Pony wird sich eher über den Graben trauen, wenn es hinter einem anderen Pferd oder einer Person herlaufen kann. Bitte jemanden, über die Folie zu gehen. So merkt dein Pferd, dass es keine Angst haben muss.

Pulvermanns Grab …

… ist eine Kombination aus zwei festen Hindernissen mit einem Graben in der Mitte. Sobald dein Pony problemlos über den »Foliengraben« springt, kannst du vor und hinter dem Graben je ein Hindernis aufbauen: entweder so, dass dein Pferd zwischen Hindernis A, Graben und Hindernis B jeweils einen Galoppsprung machen kann oder so, dass es nach jeder Landung sofort wieder abspringen muss.

Schenkel- und Zügelhilfen halten das Pony gerade und treiben es in versammeltem Galopp auf das erste Hindernis zu. Gib deinem Pony Zeit zu verstehen, was es tun soll.

Kopf hoch, Blick nach vorne – nie nach unten auf den Graben sehen! – und geradeaus auf das letzte Hindernis zureiten.

Schaut dein Pony noch skeptisch drein, lass vor ihm ein erfahrenes Pferd über den Graben springen. Das Pony hier spitzt zwar die Ohren und hat den Graben im Blick, aber es setzt schon ohne Angst zum Sprung an.

Das Pony springt tadellos über den Graben. Die Reiterin sollte sich allerdings weniger weit aus dem Sattel heben – dann sitzt sie sicherer, so wie die Reiterin auf dem nächsten Foto.

Nun wagt auch das jüngere Pony den Sprung. Weil es noch unsicher ist, springt es höher als nötig. Spring den Graben vorwärts und rückwärts – immer wieder, bis es dein Pony aus dem Effeff beherrscht.

Halte eine weiche, federnde Zügelverbindung. Nicht hart werden in der Hand, die Zügel aber auch nicht durchhängen lassen! Das gibt deinem Pferd Vertrauen und es reitet weiter in die von dir vorgegebene Richtung.

Abgeguckt

Lass dich von den Hindernissen bei großen, bedeutenden Wettkämpfen anregen! Die Hürden, die Pferd und Reiter dort überwinden müssen, sind zwar schwierig und komplex. Aber sieh genau hin: Wie sind sie aufgebaut? Mit einer Portion Fantasie kannst du einige Sprünge in einer einfacheren Version zu Hause nachbauen.

Erst den Graben, dann nach rechts

Dieses Foto wurde beim Badminton Horse Trial in England aufgenommen. Das Pferd muss zuerst über einen breiten Graben springen, dann scharf nach rechts abwenden und über einen zweiten Sprung setzen. Von der Grundidee her macht die Reiterin auf dem Bild oben das Gleiche.

Marke Eigenbau

Den Sprung, den du auf dem Foto unten siehst, kannst du zu Hause üben, indem du einen »Foliengraben« aufbaust und dahinter in eine andere Richtung weisend ein zweites Hindernis platzierst. Bereits in der Streckphase über dem Graben musst du dein Pferd auf den zweiten Sprung – also auch auf die Richtungsänderung – vorbereiten.

Schräge Sprünge

Vielseitigkeitssprünge stehen oft in einem steilen Winkel zueinander. Vom Reiter erfordert dies Präzision, vom Pferd Gehorsam.

Baue zu Hause zwei schräg zueinander stehende Hindernisse auf. Reite in gerader Linie auf sie zu und überspringe sie mittig.

Dein Pony läuft zwar auf einer Geraden, trifft aber schräg auf die Hindernisse. Lass es den richtigen Zeitpunkt zum Absprung finden!

Leicht beginnen

Du bist noch am Lernen. Fange klein an! Lege zuerst nur Stangen auf den Boden, später baust du ein paar niedrige Sprünge auf. Sobald das gut klappt und ihr beide euch sicher fühlt, kannst du an Höhe zulegen.

Immer mit Ruhe

Kommt es besonders auf Präzision an – so wie beim schmalen Sprung –, lass dir Zeit! Reite langsamer als gewöhnlich auf das Hindernis zu. Reitest du zu schnell auf ein schmales Hindernis zu, riskierst du, dass dein Pony daran vorbeispringt.

Pilze

Die Designer von Vielseitigkeits-Parcours denken sich öfter neue Arten von Hindernissen aus, um die Leistungen der Teilnehmer auf die Probe zu stellen und um die Zuschauer zu unterhalten. Das Neueste sind überdimensionale Pilze, aus Holz geschnitzt. Im Grunde sind diese Pilze nicht schwieriger zu springen als andere Hindernisse. Es könnte aber sein, dass dein Pony zögert, weil die fremden Objekte so anders aussehen als die Hindernisse, die es kennt. Auch darauf lautet die Antwort: zu Hause üben und Vertrauen aufbauen! Es ist hilfreich, wenn dein Pony vor dem Springen schon Gelegenheit hatte, sich das Hindernis genauer anzusehen. Mit Fantasie könnte man sich vorstellen, das Hindernis auf dem Foto sei ein Pilz.

Das Mitsubishi M

Das M beim Badminton Horse Trial in England steht für den Namen eines Sponsors. Das Hindernis sieht kompliziert aus. Es sind aber nur zwei aneinander gefügte Ecken. Baue eigene Winkelsprünge. Lass dazwischen Platz für einige Galoppsprünge.

Reite wie immer in gerader Linie auf die Stelle des Hindernisses zu, an der du es überspringen möchtest. Mit Schenkel- und Zügelhilfen richtest du das Pony gerade. Dein Kopf bleibt hoch erhoben, der Blick nach vorne gerichtet.

Überspringst du das Hindernis nicht in der Mitte, sondern seitlich, ist das Risiko höher, dass dein Pferd ausbricht und seitlich am Hindernis vorbeiläuft. Halte den Zügelkontakt und bleib auf deinem Kurs, bis ihr nach dem zweiten Ecksprung sicher gelandet seid.

Die Bewährungsprobe

Nachdem du viel zu Hause geübt hast, durch jede Pfütze gelaufen und über jeden Graben gesprungen bist, den du finden konntest, ist es an der Zeit, dein Können unter Beweis zu stellen: auf einem echten Vielseitigkeitsturnier! Denk an die Schutzkleidung! Schutzwesten kannst du über oder unter Jacken und Pullovern tragen. Also fest in den Sattel gesessen – und auf gehts!

Feucht, aber super!
Vielseitigkeitswettkämpfe sind anstrengend. Manchmal wird man sogar ziemlich nass (nicht nur dein Pony, auch du!).

Treppauf
Suche eine Treppe mit wenigen Stufen. Zuerst versuchst du es im Trab. Hat dein Pony begriffen, was es tun soll, trainiere das »Treppensteigen« im Galopp. Reite in kraftvollem, rhythmischem Galopp auf die Treppe zu. Dein Oberkörper bleibt aufrecht, um die Vorhand deines Ponys nicht zusätzlich zu belasten: Um die Stufen nach oben zu springen, muss es die Vorderbeine frei bewegen können.

Hilfreiche Hände

Fahre immer (!) in Begleitung eines Erwachsenen zum Vielseitigkeitsturnier. So hast du einen Helfer bei Problemen oder falls ein Unfall passiert. Nimm möglichst gemeinsam mit ein oder zwei Freunden am Turnier teil. Ängstlichere Ponys fühlen sich in Gesellschaft erfahrener Pferde oft sicherer – und mit den Reitern ist es nicht anders.

Die Anreitephase
Entscheidend für einen guten Sprung ist die Anreitephase (siehe auch das Kapitel »Spaß am Springen«). Dein Job ist es, den Sprung gut anzureiten, den Rest erledigt dein Pferd.

Reite in schwungvollem Galopp auf das Hindernis zu. Konzentriere dich auf den Rhythmus. Dein Kopf und die Schultern bleiben aufrecht, Unterschenkel liegen fest am Pferdekörper an.

Trab

Ist dein Pony ein Vielseitigkeitsneuling, fang langsam an. Wenn du es durch den Parcours jagst, ohne ihm Gelegenheit zu geben, sich alles anzusehen, wird es keinen Spaß haben. Probleme sind dann vorprogrammiert. Reite erst im Trab auf die Hindernisse zu, damit du das Pferd im Gleichgewicht und in der Versammlung halten kannst. Gib deinem Pony Zeit zu verstehen, was von ihm verlangt wird.

Anreiten

Springen

Nimm beim Abwärtsspringen die Schultern etwas zurück.

Treppab

Bist du die Treppe nach oben geritten, dreh um und versuche es von oben nach unten. Abwärts passiert es leicht, dass man nach vorne kippt und das Gleichgewicht verliert. Konzentriere dich: Dein Oberkörper bleibt aufrecht, die Unterschenkel liegen am Pferdekörper an.

Wenn du dich der Absprungzone näherst, neigst du den Oberkörper und die Hände leicht nach vorne. Verliere nicht den Zügelkontakt! Treibe dein Pony vorwärts. Dein Po bleibt im Sattel.

Diese Reiterin macht es gut – so soll es aussehen: Po und Beine bleiben die ganze Zeit über (während der Anreitephase, des Absprungs und der Streckphase) in ungefähr der gleichen Position. Die Reiterin hebt sich nur leicht aus dem Sattel, sitzt sicher und ausbalanciert.

Fließende Bewegung

Bist du ein paar einzelne Hindernisse gesprungen, nimm dir mehrere Hindernisse unmittelbar hintereinander vor. Hebe den Kopf und richte deinen Blick nach vorne, in Richtung des nächsten Hindernisses.

Halte eine stete, federnde Zügelverbindung zum Pferdemaul. Sei darauf vorbereitet, mit den Händen nachzugeben, sobald dein Pferd sich im Sprung streckt.

Absprung vom Wall

Im Grunde ist ein Wall nichts anderes als eine größere Treppe. Sobald du es dir zutraust, sicher eine Treppe zu springen, kannst du dich an einen Wall heranwagen. Denk dran: Dein Oberkörper bleibt beim Absprung vom Wall aufrecht.

Sprung über den Graben

Du hast Angst, der Graben könnte zu breit sein? Erinnere dich: Ein einziger Galoppsprung misst drei Meter und mehr! Dein Pony könnte also über die meisten Gräben hinweggaloppieren, ohne überhaupt zu bemerken, dass sie da sind.

Sitze sicher im Sattel. Es könnte sein, dein Pony fühlt sich etwas unsicher und springt deshalb weiter und höher als eigentlich nötig.

Da ist doch gar nichts!

Keiner von euch, weder du noch dein Pony, sollten direkt den Graben ansehen. Das macht nur Angst. Richte den Blick nach vorne und stell dir vor, der Graben wäre dein »Foliengraben«, mit dem du zu Hause trainiert hast. Je weniger Gedanken und Sorgen du dir machst, desto ruhiger bleibt dein Pferd.

Gehe es langsam an!

Sobald du mit deinem Pony einen neuen Hindernistyp springst, lobe es ausgiebig und lass es anschließend über ein Hindernis gehen, das es schon kennt. Das gibt ihm Vertrauen. Wenn du zu viel auf einmal forderst und zwischendurch nicht einfachere Aufgaben einbaust, kann es passieren, dass sich dein Pony überfordert fühlt und das Selbstvertrauen verliert. Ein zuversichtliches Pony aber macht es dir leichter und springt sicherer.

Verschiedene Gräben

Parcours-Designer scheinen besonders gerne Gräben in den verschiedensten Varianten einzubauen, weil sie wissen, dass sich viele Reiter und Pferde vor Gräben fürchten. Dies hier ist ein so genannter Trakehner: ein Graben, über dem ein Hindernis steht. Lass dich nicht irritieren: Ein Graben ist ein Sprung wie jeder andere. Führst du dein Pony behutsam an die verschiedenen Gräben heran, musst du dir keine Sorgen machen. Wenn es dir gelingt, trotz Graben ruhig zu bleiben, wird auch dein Pony die Ruhe bewahren.

Wasserratten

Wasser – davor könnte sich dein Pony fürchten. Nehmt euer erstes »Bad« gemeinsam mit einem »wasserfesten« Pony. Lass dein Pony im Wasser laufen, bis es sich entspannt. Möchte es die Nase ins Wasser stecken – okay. Aber gib Acht, dass es sich nicht hineinlegt und wälzt.

Rein und raus

Zu Hause hast du den Rein-und-raus-Sprung schon geübt. Dann kannst du es auch im Gelände versuchen. Mach alles genau wie beim Training daheim.

Bring deinen Oberkörper in eine aufrechte Position, sobald dein Pony nach dem ersten Sprung landet. So ist die Vorhand entlastet und es kann gut zum zweiten Sprung ansetzen.

Durchs Wasser reiten

Sobald sich dein Pony in dem kühlen Nass wohl fühlt, kannst du einen niedrigen Absprung ins Wasser wagen. Dein Oberkörper bleibt aufrecht, die Beine liegen am Pferdekörper an.

Macht dein Pony einen großen Satz, kann es dir wie dem Mädchen (Foto) ergehen und du musst dich weit nach hinten lehnen. Gib die Zügel trotzdem nicht ganz aus der Hand, damit du notfalls Hilfen geben kannst. Dein Kopf bleibt erhoben.

Sobald ihr sicher im Wasser gelandet seid, nimm die Zügel wieder richtig auf und stelle guten Zügelkontakt her. Dein Pferd könnte beim Waten durchs Wasser stolpern.

Je näher dein Po am Sattel ist, desto sicherer sitzt du. Je weniger du mit dem Körper hin und her wackelst und je ruhiger du sitzt, desto leichter fällt es deinem Pony, sich auszubalancieren.

Zur zweiten Landung kommt dein Oberkörper wieder in die aufrechte Position. Halte den Zügelkontakt, treibe dein Pony mit den Schenkeln vorwärts und galoppiere in regelmäßigem Rhythmus auf das nächste Hindernis zu.

Geh nicht auf Tauchstation!

Dieser Absprung vom Wall ins Wasser ist schon höher und – oh weh, die Reiterin lehnt sich weit vornüber, noch bevor das Pony abgesprungen ist. Damit ihr beide die Balance halten könnt, bleibt dein Po dicht am Sattel, der Oberkörper geht nur ganz leicht nach vorne, sonst …

… passiert genau dies: Die Reiterin hat ihr Gleichgewicht verloren und landet auf dem Hals des Ponys. Sie hat keinen Halt mehr. Ihr Glück ist, dass das Pony seinen Kopf erhoben lässt – das ist ihre einzige Chance, sich noch auf dem Pferd zu halten.

Das Pony hat die Situation gerettet. Es hat Kopf und Hals oben gelassen. Die Reiterin konnte sich zurück in den Sattel schieben. Wäre das Pony ins Stolpern geraten, hätte die Reiterin ein unfreiwilliges Bad genommen. Das ist gerade noch mal gut gegangen!

Sollte dir Ähnliches passieren, lach nicht zu sehr – man sitzt dabei wackelig …! Die Reiterin sollte ihre Schenkel sofort in die richtige Position bringen. Denk dran: Die Unterschenkel liegen am Pferdekörper an, das Reitergewicht ist nach unten zu den Füßen verlagert.

So ist es besser

Der Po bleibt im Sattel, der Oberkörper ist geneigt, kippt aber nicht mehr so weit vor. So geht es deutlich besser. Der Unterschenkel sollte etwas weiter vorne liegen, dann säße die Reiterin noch fester im Sattel.

Perfekte Haltung

Schultern, Knie und Zehen sollen auf einer Linie liegen: Diese Vorstellung hilft dir, ein Gefühl für die richtige Haltung beim Springen zu entwickeln. Lass dich beim Springen fotografieren. Beurteile anhand der Aufnahmen, wie nahe du dem Ideal kommst.

Glossar

Aufrollen Siehe »Hinter dem Zügel«.
Absitzen Aus dem Sattel bzw. vom Pferd steigen.
Am Gebiss gehen Das heißt, das Pferd nimmt Gebiss und Zügelhilfen an. Sein Kopf beschreibt nahezu eine Senkrechte. Das Pferdemaul befindet sich ein wenig unterhalb der Reiterhand.
Am langen Zügel Auch wenn das Pferd am langen Zügel geht, hält der Reiter eine stete Verbindung zum Pferdemaul. Allerdings sind die Zügel deutlich länger als in der Versammlung. Das Pony streckt sich mehr, die Schritte sind länger, seinen Hals hält es in bequemer Position. Geht ein Pferd am hingegebenen Zügel, besteht zwischen Reiterhand und Pferdemaul keine Verbindung mehr.
An der Hand Je nach Art der Leistungsschau oder -prüfung werden Pferde unterm Sattel, also mit Reiter, oder an der Hand vorgestellt, das heißt im Schritt und im Trab geführt.
Anreiten / Einfahren Das frühe Training junger Pferde. Sie werden an Trense und Sattel gewöhnt und lernen einen Reiter zu tragen. Pferde, die später Kutschen ziehen sollen, werden ans Geschirr gewöhnt und – einfach ausgedrückt – daran, dass sie etwas hinter sich her ziehen.
Aufmachung Erscheinungsbild von Pferd und Reiter, beim Reiter auch die Kleidung.
Aufsitzen Auf das Pferd steigen.
Ausreiten Ins Gelände reiten – zum Spaß bzw. um das Pferd zu bewegen –, anstatt auf dem Platz zu trainieren.
Aussitzen im Trab Der Reiter hebt sich im Trab nicht bei jedem zweiten Takt aus dem Sattel, sondern bleibt die ganze Zeit sitzen.

Backenstück Lederriemen am Kopfstück der Trense, der ins Gebiss geschnallt wird.
Bahnfiguren Verschiedene Übungen, die in der Reitbahn auszuführen sind, z. B. Zirkel, Achten, Schlangenlinien.
Breeches Knielange Reithosen, die mit hohen Reitstiefeln getragen werden.
Buckeln / Bocken Das Pferd springt in die Luft: Keines der Beine (oder höchstens noch die Vorderbeine) berührt mehr den Boden, der Rücken ist nach oben gewölbt.

Chaps / Chapsletten Beinkleider aus Leder, die über Reithosen getragen werden. Sie bedecken nicht das ganze Bein, sondern reichen nur vom Fußgelenk bis zum Knie.
Chukka Ein Polospiel wird in mehrere Chukkas – Spielzeiten von je siebeneinhalb Minuten – eingeteilt.

Diagonale Meint ein Vorderbein und das gegenüberliegende Hinterbein (also rechtes Vorderbein und linkes Hinterbein oder linkes Vorderbein und rechtes Hinterbein). Im Trab setzt immer eine Diagonale auf den Boden oder hebt sich vom Boden.
Doppelte Zäumung Zäumung mit zwei Gebissen und zwei Paar Zügeln; häufig benutzt im Dressursport, um noch präzisere Zügelhilfen zu geben.
Dressurgerte Lange Gerte, etwa 1,20 m lang, besonders für Dressurübungen, um die Schenkelhilfen zu unterstützen.

Exterieur Gesamte äußere Erscheinung eines Pferdes: sein Körperbau, die Proportionen, Muskeln usw. Ein wohl proportioniertes Pony mit geraden, kräftigen Beinen, gut geformtem Hals, schönem Rücken und entsprechender Kruppe hat ein gutes Exterieur.

Fessel Stelle am Bein zwischen Fesselgelenk und Huf.
Fesselgelenk Es verbindet den Huf und die Fessel mit dem Röhrbein.
Flehmen Eine Reaktion auf Gerüche. Die Pferde recken den Kopf nach oben, kräuseln die Oberlippe und stülpen sie hoch, sodass die Zähne sichtbar werden. Hengste reagieren häufig mit Flehmen auf rossige Stuten.
Fohlen Junges Pferd, gleichgültig welchen Geschlechts, bis zum Alter von etwa drei Jahren.
Fußfolge Die Fußfolge beschreibt, wie die Pferde die Beine in den einzelnen Gängen bewegen. Schritt ist ein Viertakt, Galopp dagegen ein Dreitakt, dazu kommt die Schwebephase.

Galopp Schnellste der drei Grundgangarten. Galopp ist ein Dreitakt, zu dem eine Schwebephase gehört, also ein Moment, in dem alle vier Beine des Pferdes vom Boden abgehoben sind.
Gänge Die verschiedenen Arten der Fußfolgen. Es gibt drei Grundgangarten: Schritt, Trab und Galopp. Darüber hinaus gibt es innerhalb der Gangarten verschiedene Tempi (siehe »Tempi«), die am Grad der Versammlung und damit der Länge der Schritte bzw. Sprünge gemessen werden, z. B. versammelter Trab, Arbeitstrab, Mitteltrab.
Gebissring Über den Gebissring seitlich am Mundstück des Trensenzaums ist das Gebiss mit dem Kopfstück der Trense verbunden.
Gegen den Zügel gehen Das Pferd versucht sich den Zügelhilfen des Reiters zu entziehen, indem es durch Gegendruck aktiv nach vorne zieht.

Genick Stelle zwischen den Ohren; Verbindung zwischen Kopf und Hals.
Gerte Künstliche Hilfe; Pferde werden in der Regel hinter dem Reiterbein mit der Gerte angetippt, gelegentlich auf Höhe der Schulter. Zweck einer Gerte ist es, die Hilfen des Reiters zu verstärken, also nachdrücklich mitzuteilen, was der Reiter will, falls das Pony nicht gleich hört. Gute Reiter setzen die Gerte sparsam ein, niemals im Zorn. Man unterscheidet zwischen den längeren Dressurgerten und den deutlich kürzeren Springgerten.
Gurtentiefe Umfang des Pferdekörpers, gemessen knapp hinter dem Widerrist. Entspricht der Gurtenlage, das heißt der Stelle, an der der Gurt zum Liegen kommt; dieser wiederum sorgt dafür, dass der Sattel an Ort und Stelle bleibt.
Gymkhanas In England populäre Reiterspiele, wie Staffeln, Slalomrennen, Reise nach Jerusalem zu Pferd, Eierrennen … Werden auch in Deutschland zunehmend beliebt.
Gymnastizierung Nur Training hält das Pony fit und beweglich. Zur Gymnastizierung gehören vor allem Dressurlektionen in der Reitbahn.

Hand – linke Hand und rechte Hand: Ausdrücke für die Richtung, in die geritten wird. Die Hand, die in die Mitte der Reitbahn weist, ist die Hand, auf der man reitet. Rechte Hand heißt also, man reitet rechts herum. Reitest du einen Zirkel auf der linken Hand, so weist deine linke Hand zur Mitte der Reitbahn und das Pferd wendet sich nach links.
Handwechsel Beschreibt einen Richtungswechsel in der Reitbahn. Siehe »Hand«.
Hengst Unkastriertes männliches Pferd.
Hengstfohlen Ein unkastriertes männliches Pferd bis zum Alter von rund drei Jahren.
Hilfen Um das Pferd zu lenken und sich ihm verständlich zu machen, gibt der Reiter bestimmte Signale mithilfe von Gewicht, Schenkeldruck, Zügeln und Stimme.
Hinter dem Zügel Das Pferd entzieht sich den Zügelhilfen des Reiters, indem es sich aufrollt und den Kopf nahe zur Brust bringt. Der Zügelkontakt zwischen Pferdemaul und Reiterhand geht verloren.
Hinterhand Alle Partien des Pferdekörpers, die sich hinter der Hand bzw. hinter dem Reiter befinden, also Kruppe, Becken, Hinterbeine und Schweif.
Hinterzwiesel Hinterer Teil des Sattels, wo die Sitzfläche des Sattels ansteigt.
Hufschmied Er kürzt die Pferdehufe, ras-

pelt sie, passt die Hufeisen an und beschlägt die Hufe. Er achtet darauf, ob sie gesund sind und die Stellung der Pferdehufe in Ordnung ist.

Jodhpur-Hosen Knöchellange Reithosen.

Kaltblut Überbegriff für schwere, stämmige Pferderassen, häufig Kutschpferde.
Kandarengebiss Starres Gebiss mit seitlichen Hebeln und einer Kinnkette, die über die unteren Hebel Druck auf den Unterkiefer des Pferdes ausübt. Normalerweise wird ein Kandarengebiss als doppelte Zäumung zusätzlich zur Wassertrense benutzt.
Kastanie Hornhöcker an den Innenseiten der Pferdebeine: vorne oberhalb der Vorderfußwurzelgelenke, hinten unterhalb der Sprunggelenke. Die Kastanien sind ein Überbleibsel aus längst vergangener Zeit, in der Pferde noch Mehrzeher waren.
Kehlriemen Teil der Zäumung; Riemen am Kopfstück, der unter der Kehle des Pferdes durchläuft.
Kinngrube Vertiefung dicht hinter dem Pferdekinn, in der die Kinnkette der Kandare liegt.
Kniegelenk Gelenk an den Hinterbeinen; liegt oberhalb vom Sprunggelenk.
Kopfstück Teil der Zäumung, der hinter den Ohren des Pferdes zum Liegen kommt. Unterhalb des Stirnriemens teilt sich das Kopfstück in zwei Riemen: den Kehlriemen und die Riemen, an denen das Mundstück des Gebisses befestigt wird.
Kötenbehang Die langen Haare unten an den Pferdebeinen. Pferde mit viel Kötenbehang haben meist auch dichtes Mähnen- und Schweifhaar. Häufig gehören Pferde mit viel Kötenbehang zu den Kaltblutrassen.
Künstliche Hilfen Gerten und Sporen werden als künstliche Hilfen bezeichnet. Sie sollen die natürlichen Hilfen, also Gewichts-, Schenkel- und Zügelhilfen, verstärken.

Laden Lücke zwischen den Schneide- und den Backenzähnen. Dort liegt das Mundstück des Gebisses.
Leichttraben Der Reiter hebt sich bei jedem zweiten Trabtritt leicht aus dem Sattel. Dazwischen bewegt er sich jeweils vorsichtig in den Sattel zurück.

Mähnenkamm Die Oberlinie des Pferdehalses; hier setzen die Mähnenhaare an.
Martingal Hilfszügel, der sowohl mit dem Sattel als auch mit den Zügeln verbunden ist und verhindern soll, dass das Pferd seinen Kopf hochwirft.

Nasenriemen Teil der Zäumung. Riemen, der die Nase des Pferdes umschließt. Die verschiedenen Nasenriemen haben jeweils leicht unterschiedliche Wirkungsweisen.
Nieren Körperpartien seitlich der Wirbelsäule, direkt hinterm Sattel.
Null-Fehler-Ritt Begriff aus dem Springsport. Das Pferd eines Teilnehmers mit Null-Fehler-Ritt hat den kompletten Parcours durchsprungen, ohne eine Stange abzuwerfen oder andere Fehler zu machen.

Oberlinie Obere Silhouette des Pferdekörpers, also vom Kopf über den Hals und den Rücken zur Kruppe.

Rasse Gruppe von Pferden, die sich ähneln. Sie wurden über Generationen auf gleiche, charakteristische Merkmale hin gezüchtet.
Reinrassig Ein Pferd, dessen Vorfahren meist über mehrere Generationen derselben Rasse angehören.
Reitbahn / Reitplatz Eingegrenzter Platz mit besonderem Bodenbelag, um darauf mit Pferden zu trainieren.
Reithalle Überdachte Halle, in der sich ein Reitplatz befindet.
Röhre / Röhrbein Die Vorderröhre ist ein Knochen am Vorderbein des Pferdes, zwischen Vorderfußwurzelgelenk (Karpalgelenk) und Fesselgelenk. Die Hinterröhre befindet sich entsprechend zwischen Sprunggelenk und Fesselgelenk.
Rosse Fruchtbare Zeit einer Stute, in der sie aufnehmen, also trächtig werden kann.
Rumpf Körperteil des Pferdes zwischen Vorder- und Hinterbeinen.

Satteldecke Decke, die unter den Sattel gelegt wird.
Sattelzeug Überbegriff für einen Teil der Pferdeausrüstung, gemeint sind vor allem Sattel und Zaumzeug.
Sattler Er verkauft und repariert Sättel, Zaumzeug und Ähnliches oder stellt sie selbst her. Ein guter Sattler passt den Sattel auch an, sodass er dem Pony wirklich passt.
Schlauch Schutzhülle, die den Penis der Hengste umgibt.
Schritt Langsamste der drei Gangarten, ein Viertakt.
Schrittlänge / Sprunglänge Sie gibt an, wie weit ein Pferd bei einem Schritt ausgreift, also welche Strecke es mit einem Schritt zurücklegt. Die Schrittlänge eines großen Pferdes ist sicher deutlich größer als die eines kleinen Ponys. Beim Springen ist es wichtig, die Länge der Galoppsprünge des Pferdes zu berücksichtigen.
Schweifrübe Knochiger Teil des Schweifs, an dem die Haare angesetzt sind.
Sporn Hornhöcker an der Rückseite der Fesselgelenke.
Springreihen Zwei oder mehrere niedrige Hindernisse werden in passenden Abständen aufgebaut. Dieses Training fördert die Geschmeidigkeit und Geschicklichkeit des Reiters sowie die Kondition und das Springvermögen des Pferdes.
Sprunggelenk Gelenk an den Hinterbeinen des Pferdes zwischen Knie und Fesselkopf.
Stallhalfter Einfaches Halfter, in der Regel aus Kopfstück und Nasenriemen bestehend, an dem ein Führstrick befestig werden kann. Es wird benutzt, wenn das Pony aus der Box geholt und z. B. zum Putzen im Stall angebunden wird.
Stechen Letzte Runde eines Springturniers, um den Sieger zu ermitteln. Ins Stechen kommen Reiter, die den Parcours ohne Fehler absolviert haben.
Steigbügel Metallbügel, in den der Reiter seine Füße stellt. Wenn man von Steigbügeln spricht, sind meist zugleich die Steigbügelriemen gemeint.
Steigbügelriemen Riemen, an denen die Steigbügel befestigt sind.
Steigen Das Pferd bäumt sich auf, die Vorderbeine sind in der Luft, sodass das Pferd nur noch auf den Hinterbeinen steht. Manche Ponys steigen, wenn sie sehr aufgeregt sind, andere versuchen damit gezielt den Reiter loszuwerden.
Stirnlocke Haarpony der Pferde, also die Strähnen des Mähnenhaars, die zwischen den Ohren hindurch auf die Stirn fallen.
Strahl Bestandteil der Hufsohle. Der Strahl ist v-förmig und gummiartig. Er hat u. a. eine Pufferfunktion. Beim Auskratzen der Hufe muss man ihn achtsam behandeln.
Stute Erwachsenes weibliches Pferd.
Stutfohlen Junges weibliches Pferd bis zum Alter von ca. drei Jahren.

Tempi In allen drei Grundgangarten gibt es verschiedene Tempi oder auch Gangmaße, z. B. Arbeitstrab, Mitteltrab, starker Trab, versammelter Trab. Die Tempi orientieren sich am Grad der Versammlung und an der unterschiedlichen Schrittlänge.
Trab Gangart zwischen Schritt und Galopp. Der Trab ist ein Zweitakt, wobei sich jeweils die Diagonalen (siehe »Diagonale«) gleichzeitig bewegen.
Typ Man spricht von einem Pferdetyp, wenn es sich bei einer Gruppe von Pferden nicht um eine Rasse handelt, sondern um Pferde, die für einen bestimmten Zweck gezüchtet wurden; z. B. die Hunter in England, also Pferde, die für die Jagd besonders geeignet sind, oder Poloponys.

Über dem Gebiss Das Pferd entzieht sich den Zügelhilfen des Reiters, indem es den Kopf nach oben streckt, höher als die Hand des Reiters.
Unterarm Teil des Vorderbeines zwischen

Glossar/Register

Vorderfußwurzelgelenk und Ellenbogengelenk.
Unterschenkel Teil des Hinterbeines zwischen Sprunggelenk und Kniegelenk.
Untertreten Ein Pferd tritt unter, wenn es die Hinterbeine beim Laufen ein gutes Stück unter den Körper bringt. So entwickelt es mehr Schubkraft.

Versammlung Die Hinterhand des Pferdes tritt unter den Körper und trägt damit vermehrt Gewicht. Die Kruppe senkt sich. Die Vorderhand wirkt dadurch aufgerichtet. Der Hals ist gebogen. Denkt man sich eine Linie entlang der Vorderseite des Kopfes nach unten, so bildet sie einen rechten Winkel zum Boden. Die Silhouette des Pferdes erscheint kürzer und runder. Das Gegenteil ist der Fall, wenn das Pferd am langen oder hingegebenen Zügel geht und sich dabei in die Länge streckt.
Vollblüter Vollblutaraber und Englische Vollblutpferde.
Vorderzwiesel Höchster Punkt an der vorderen Wölbung des Sattels.
Vorhand Bereich des Pferdekörpers vor der Gurtenlage, also Kopf, Hals, Widerrist und Vorderbeine.

Wallach Kastriertes männliches Pferd.
Warmblüter Pferderassen, die weder Kaltblut noch Vollblut, noch Ponys sind. Allerdings wurden in diese Rassen zur Veredelung immer wieder Vollblüter und/oder Araber eingekreuzt. Sportpferde auf Spring- oder Vielseitigkeitsturnieren sind häufig Warmblüter.
Widerrist Knochige Stelle am unteren Ende des Halses, über der Schulterlinie gelegen.

Zügel- und Schenkelkontakt Der Reiter stellt über die Zügel eine weiche, federnde Verbindung zwischen Pferdemaul und Reiterhand her. Die Unterschenkel liegen am Pferdekörper an. So kann der Reiter jederzeit gezielte Hilfen geben.

A

B

C

D

E

F

G

H

Danksagung

Danksagung der Autorin

Die Recherche zu diesem Buch und das Schreiben haben mir großes Vergnügen bereitet. Auch all jene, die am Entstehen dieses Werkes beteiligt waren, hatten großen Spaß – was zur Kernaussage dieses Buches passt: Ponys machen Freude!

Ich möchte mich bei all unseren Reitern bedanken: Anna Bird, Milly Coleman-Straw, Hannah Cook, Victoria (Tori) Hoper, Matthew Hoper, Sophie Kurton, Hayley Lane, Shannon Lunt, Tom Macleod, James Ridley, Rachel Ridley, Phoebe Windsor-Clive, Laura Dudfield, Jenny Clemments, Eleanor Rudd, Kathryn Rudd – sowie bei ihren Eltern und den Ponys. Danke schön für ihre Geduld und ihren Humor!

Ich danke Sally Thomas und Jessica Garton, die sich um Pferde und Reiter gekümmert haben, sowie Kit Houghton für die ausgezeichneten Fotos und Studio Cactus, die aus dem Ganzen ein Buch gemacht haben.

Um den Umgang mit Pferden und Ponys genießen zu können, braucht man Selbstvertrauen und Sicherheit bei allem, was man tut. So ist es mit den meisten Dingen im Leben. Ich hoffe, dass dieses Buch genau dies schafft: Es soll denen, die es lesen, ein Stück Zuversicht vermitteln. Ich selbst bin Menschen dankbar, die mir das Vertrauen und die Sicherheit gegeben haben, zu tun, was ich für richtig halte: meinem Mann Martin, meiner Familie und – was das Reiten anbelangt – Dot Willis und Baron Eric de Wykerslooth. Ich habe die Prinzipien ihres Arbeitens in diesem Buch nur am Rande gestreift. Doch ihre Art zu trainieren und ihr Ansatz gaben mir Vertrauen, Können und Wissen, um das zu tun, was ich heute mache.

Wort des Herausgebers

Studio Cactus dankt Aaron Brown, Sue Gordon und Abbey Cookson-Moore für ihre Mitarbeit bei der Herausgabe dieses Werkes.

Bildnachweis

Alle Fotos in diesem Buch stammen von Kit Houghton oder Studio Cactus.
Das große Foto auf dem Buchumschlag ist von Ulla Raffail.